# MES

# MÉMOIRES

PAR

## AMÉDÉE ST-FERRÉOL

DÉPUTÉ

ANCIEN REPRÉSENTANT

---

## TOME II

---

BRIOUDE

IMPRIMERIE & LIBRAIRIE D. CHOUVET

Boulevard Desaix, 29

—

1888

# MES MÉMOIRES

# MES
# MÉMOIRES

PAR

AMÉDÉE St-FERRÉOL

DÉPUTÉ

ANCIEN REPRÉSENTANT

TOME II

BRIOUDE

IMPRIMERIE & LIBRAIRIE D. CHOUVET

Boulevard Desaix, 29

1888

# MES MÉMOIRES



## Troisième Partie

## CHAPITRE I<sup>er</sup>

### RÉVOLUTION DE FÉVRIER

Le 24 février 1848, Louis-Philippe et sa dynastie étaient renversés du trône, chassés de France.

A cette époque, le chemin de fer n'arrivait pas à Brioude, et le télégraphe, dont les signaux se faisaient avec des bras de bois, n'était guère employé par les particuliers : c'était par les journaux ou les lettres que parvenaient les nouvelles de Paris. Nous apprenions le 26 seulement, que la République avait été proclamée à Paris, après une lutte sanglante, pendant laquelle plusieurs régiments avaient mis la crosse en l'air, fraternisant avec le peuple qui sous ses pavés avait brisé le trône et la dynastie des d'Orléans.

J'étais au lit, lorsqu'à six heures du matin un de

mes amis vint me porter le journal annonçant cette révolution si ardemment désirée, que l'on prévoyait prochaine, mais qui avait éclaté brusquement par un de ces hasards dont personne n'aurait pu prévoir les conséquences. Un coup de pistolet avait été, on ne sait par qui, tiré sur le boulevard des Capucines ; la troupe avait riposté par une décharge qui tua un ouvrier, dont le corps, porté sur un brancard dans les rues de Paris, aux cris de : « Vengeance ! Vengeance ! », souleva le peuple, qui, après la victoire, se porta en masse à la Chambre des députés pour y faire proclamer la République. La régence de la duchesse d'Orléans, proposée par Odillon Barrot qui était porteur de l'abdication de Louis-Philippe, ayant été repoussée, l'assemblée nomma un gouver_nement provisoire composé de MM. Dupont de l'Eure, président, Ledru-Rollin, Lamartine, François Arago, Garnier-Pagès, Crémieux, Marie.

Les membres élus furent à l'hôtel-de-ville, où l'acclamation populaire leur adjoignit comme secrétaires Armand Marrast, Louis Blanc, Flocon, Albert, l'ouvrier. Ce fut là que fut proclamée la République, par un manifeste que nous reçûmes le 26, en même temps que le récit de la grande journée du 24 février.

Le journal à la main, je courus aussitôt à l'hôtel-de-ville, où se rendirent les républicains de Brioude à l'appel du tambour. Immédiatement, une commission chargée d'assurer l'établissement du gouvernement républicain, fut nommée par acclamation, se mit en relation avec le gouvernement provisoire et invita les maires de l'arrondissement à correspondre avec elle, à lui prêter leur concours. Les membres de la commission étaient les citoyens Jean Faugère, Joseph Thomas, juge, Amédée Saint-Ferréol. Elle devait agir de concert avec l'administration municipale, composée de MM. Talayrat, Arthur Mallye, Vernière-Rochette. Elle prit tout d'abord l'arrêté suivant :

« Considérant que le premier devoir des citoyens des départements est de donner au peuple de Paris un témoignage éclatant de la reconnaissance publique ;

» ARRÊTE :

» Une souscription nationale pour venir au secours des familles des citoyens morts ou blessés pour la liberté dans les journées de Février, est ouverte dans l'arrondissement de Brioude ; des adresses au peuple de Paris, au gouvernement provisoire, seront déposées dans toutes les communes. Les maires et les bons citoyens sont invités à faire signer ces adresses ainsi que les listes de souscription. Tous les bons citoyens qui veulent donner leur adhésion au gouvernement républicain sont invités à les signer. »

Les souscriptions et les adhésions furent nombreuses ; tout le monde, après la chute de la monarchie, se disait républicain de naissance.

Voici le texte de l'adresse envoyée au peuple de Paris :

« Parisiens ! Vous avez été sublimes comme aux plus beaux jours de votre histoire. Toujours prêts à verser votre sang glorieux pour le salut du peuple et la liberté de la France, vous avez broyé dans un élan de votre colère, un gouvernement sacrilège qui avait osé faire mitrailler l'héroïque population de la grande ville. — Gloire à vous ! Le monde vous admire et la France vous salue comme ses libérateurs.

» A vous maintenant d'assurer le triomphe de la révolution et le maintien de la République. Que le sang généreux qui a coulé sous les balles royales ait enfin arrosé un sol libre, et que le peuple souverain, ayant pour toujours reconquis ses droits imprescriptibles et repris son rang à la tête des nations, donne à la France, à tous les peuples opprimés, la liberté, l'égalité, la fraternité.

» Parisiens, nous marchons avec vous, avec le gouvernement provisoire dont la France connaît le patriotisme, le dévouement à la cause du peuple, et avec vous nous nous proclamons citoyens de la République Française. »

N'ayant pas le temps de créer un journal, nous transformâmes en journal politique la feuille d'annonces de l'imprimeur Gallice, qui voulut bien alors en faire *l'organe du pouvoir du jour* et l'appeler le *Républicain de la Haute-Loire,* sacrifiant son titre de *L'Écho de la Haute-Loire.* Ce fut notre jeune ami Perrein qui, le plus souvent y donna, en les signant, des articles politiques ou de circonstance que je reproduis parfois dans ces pages.

Dans le premier numéro, qui parut le 1ᵉʳ mai, j'ouvris le feu par ces quelques lignes :

« Le gouvernement des Bourbons de la branche cadette a été broyé comme celui de la branche aînée sous les pavés de l'héroïque peuple de Paris. La République est proclamée ; la République est comme le soleil : aveugles qui la nient. A vous de la saluer de vos acclamations unanimes. Vive la République ! »

Le lendemain du jour où nous primes possession de l'hôtel-de-ville — dimanche 27, — la République fut proclamée à Brioude au milieu des acclamations, au bruit du canon, aux chants de la *Marseillaise*. Le soleil était beau comme la soleil de juillet. Les sapeurs-pompiers, en grande tenue, avec la musique en tête, entouraient l'administration municipale et la commission provisoire qu'accompagnaient le corps municipal, les fonctionnaires et beaucoup de citoyens de la ville ayant tous orné leurs chapeaux d'énormes cocardes.

Le soir, des illuminations générales éclairaient les groupes de jeunes gens, de cultivateurs, qui chantaient la *Marseillaise* et le *Chant du Départ* dans toutes les parties de la ville. Un moment, le drapeau rouge avait flotté sur le clocher; c'était un de nos jeunes républicains, Gresse, qui l'y avait arboré. Il ignorait encore qu'à Paris le remplacement du drapeau tricolore par le drapeau rouge, demandé par les républicains qui croyaient qu'un changement de drapeau devait être la conséquence d'un changement de gouvernement, avait été empêché surtout par ces paroles de Lamartine : « Le drapeau tricolore a fait » le tour du monde; le drapeau rouge n'a fait que le » tour du Champ de Mars ». A Brioude, antithèse plus poétique que juste, nos fonctionnaires néo-républicains qui avaient déjà l'horreur du rouge, firent immédiatement disparaître le drapeau déclaré séditieux.

Gresse s'empressa alors de jeter par les fenêtres de l'hôtel-de-ville le buste en plâtre de Louis-Philippe, qui se brisa, au milieu des acclamations de la foule, dans laquelle se trouvaient force orléanistes qui applaudirent.

La veille du jour où se fit la proclamation officielle de la République, le Conseil municipal, composé
d'orléanistes, dont les noms sont plus bas soulignés,
et de républicains, se réunit à l'hôtel-de-ville. Voici
un extrait du procès-verbal de la séance :

« Étaient présents : MM. *Talayrat,* maire, *Ver-
nière,* adjoint, *Paul Maigne,* Esbrayat, Amédée St-
Ferréol, *Roumilhac, Gauthier, Besseyre, Gironde,
Couguet,* Jean Faugère, Joseph Thomas, *Belmont,*
avocat, Julien Lamothe, *Chanson,* notaire, *Fouillet,
Alfred Grenier,* Moulin, cultivateur, *Tony Rochette,
Bagés.* M Amédée St-Ferréol est nommé secrétaire.

» M. le président annonce au Conseil qu'une commission provisoire, chargée d'assurer l'établissement
du gouvernement républicain et le maintien de la
tranquillité publique, s'est constituée hier, samedi 26,
à l'hôtel-de-ville ; que cette commission, composée
des citoyens Jean Faugère, Thomas, Amédée Saint-
Ferréol, agit de concert avec l'administration municipale, et que les membres de la commission et de la
municipalité ont cru devoir convoquer le conseil municipal, pour lui proposer de donner son adhésion au
gouvernement républicain, et d'assister à la proclamation solennelle de la République qui va être faite
dans toutes les parties de la ville. M. le Maire propose ensuite un projet d'adhésion qui est adopté à
l'unanimité :

« Le Conseil municipal de la ville de Brioude, à
» l'unanimité, adhère d'esprit et de cœur au grand
» évènement qui remplace une vieille monarchie par
» des institutions pleines de jeunesse et de vie, qui
» feront le bonheur de la France en excitant l'admira-
» tion des peuples civilisés. Le Conseil, à l'unanimité,
» décide ensuite qu'il assistera en corps à la procla-
» mation solennelle de la République. »

» La compagnie des sapeurs-pompiers, la musique et un grand nombre de citoyens entrent alors dans la salle des délibérations. M. Mallye lit une proclamation du gouvernement provisoire au peuple français. Cette lecture est suivie des cris de : Vive les Parisiens! Vive la liberté! Vive la République!

» M. Mallye fait ensuite connaître la composition de la commission provisoire, et demande si l'assemblée confirme cette nomination. La commission est par acclamation confirmée dans ses pouvoirs. »

L'adresse lue était celle-ci :

« Au nom du peuple Français, le gouvernement provisoire décrète :

» La royauté, sous quelque forme que ce soit, est abolie. Plus de légitimisme, plus de bonapartisme, pas de régence ; le gouvernement provisoire a pris toutes les mesures nécessaires pour rendre impossible le retour de l'ancienne dynastie et l'avénement d'une dynastie nouvelle. La République est proclamée; le peuple est uni.

» Le drapeau national est le drapeau tricolore, dont les couleurs seront placées dans l'ordre qu'avait adopté la République Française : le rouge au milieu, à la place du blanc qui flotte.

» La peine de mort est abolie en matière politique.

» Des ateliers nationaux seront immédiatement ouverts. Les Tuileries serviront désormais d'asile aux invalides du travail. Les enfants des citoyens morts en combattant sont adoptés par la patrie.

» Les fonctionnaires de l'ordre civil, judiciaire, administratif et militaire sont déliés de leur serment. Les gardes nationales dissoutes par le dernier gouvernement sont réorganisées de droit. »

La commission provisoire de Brioude, par divers

arrêtés, invita les juges du tribunal civil et les juges de paix de l'arrondissement, à rendre désormais la justice *au nom du peuple français;* les notaires, avoués et autres fonctionnaires, à remplacer dans les actes où cette expression peut se trouver le mot de *roi* par celui de *peuple français ;* les curés et desservants, à supprimer du *domine salvum* les mots *regem* et autres de cette nature pour y substituer celui de *rempublicam.* Elle invita tous les citoyens en état de porter les armes, à se rendre à l'hôtel-de-ville immédiatement, à l'effet de composer une garde nationale provisoire, dont la mission serait de veiller au maintien de l'ordre et de la tranquillité publique, et d'assurer le respect dû aux personnes et aux propriétés.

M. Fournier, ingénieur de l'arrondissement, fut nommé commandant provisoire de cette garde civique. Il était placé sous les ordres immédiats de l'autorité municipale; les sapeurs-pompiers et la gendarmerie étaient tenus d'obéir aux ordres que cet officier supérieur donnerait dans l'intérêt de la police de la ville et des besoins du service. L'organisation définitive de la garde nationale devait avoir lieu ultérieurement, et la nomination des officiers être soumise à l'élection. M. Fournier, ingénieur jeune et ambitieux, était alors un républicain à tous crins. Ce fut lui qui, plus que personne, avec le contrôleur Joseph, contribua à dresser les listes d'épuration des maires et fonctionnaires de l'arrondissement. Ce feu de paille devait bientôt s'éteindre.

L'entente entre la commission provisoire et l'administration municipale ne tarda pas non plus d'être moins cordiale qu'elle aurait dû l'être. Le maire,

M. Talayrat, accepta sans arrière-pensée, avec empressement, la nouvelle forme de gouvernement, comme il avait accepté toutes celles sous lesquelles il avait passé; mais il était peu disposé à faire de la propagande en sa faveur.

Le deuxième adjoint, M. Vernière-Rochette, était un ancien bonapartiste, sans influence d'ailleurs, sans capacité aucune, et qui à la mairie ne s'était jamais occupé que de faire les mariages, de signer les actes de l'état civil.

Arthur Mallye, le premier adjoint, s'était hâté d'aller à Paris réclamer pour son père la place de président du tribunal civil, vacante par le décès de M. Pascon, mort quelques jours avant, sur son siège d'une attaque d'apoplexie. Grâce à l'appui, tout puissant alors, de Dupont de l'Eure, avec lequel il avait eu des relations quand il était député, bien que n'appartenant pas à l'opposition avancée, M. Mallye obtint cette place, que l'opinion publique et le parti républicain réclamaient pour M. Joseph Thomas, juge, que l'on croyait alors raide, dans ses opinions comme une barre d'acier, et qui n'était qu'un roseau peint en fer. Dès ce moment, Arthur Mallye se sépara de nous, et son père devint bientôt, dans notre ville, le chef de la réaction dont l'avocat Rochette, l'expert Lamontezière et autres individus sans valeur, sans honorabilité, furent les agents provocateurs ou insulteurs.

Pour républicaniser notre arrondissement par les réunions publiques comme par la presse, nous organisâmes dans les premiers jours de mai, un club dans la salle du collège où se faisaient les distributions de prix. Le public y entrait par une porte donnant directement sur la rue, de sorte que nos réunions ne nuisaient en rien aux études et à la discipline de notre établissement d'instruction secondaire, dont notre concitoyen Neyreneuf était alors principal. L'on y commentait les événements du jour tout en faisant de l'enseignement démocratique. Son premier bureau, nommé par acclamation, fut composé des citoyens Amédée St-Ferréol, Jean Faugère, Bardolet, Joseph Perrein, Cheminard et Fournier, ayant pour secrétaires les jeunes Besson (de la Baraque), et Ramain.

Notre club fut bientôt en butte à toutes les accusations, à toutes les calomnies des réactionnaires, que le mot de club effrayait encore plus que la chose.

Au mois de septembre, la salle du collège nous fut fermée, et nous dûmes avoir nos réunions dans un hangar qu'un de nos amis avait mis à notre disposition. Peu de temps après, nous louâmes l'ancienne maison du doyenné, dont nous décorâmes la salle principale, d'inscriptions et d'emblèmes démocratiques, de drapeaux tricolores, qui faisaient un singulier contraste avec les maximes, les dogmes, les sentiments qu'on y glorifiait, étalait, lorsque le doyen du Chapitre noble de Saint-Julien y avait sa résidence.

Une pièce attenante avait été consacrée à la consommation, et des commissaires élus par les clubistes maintenaient l'ordre et le calme qui devraient toujours régner dans une réunion populaire.

Nous crûmes cependant devoir répondre par un manifeste aux dénonciations calomnieuses, aux attaques perfides dirigées contre nous. Voici ce manifeste qui, sur ma proposition, fut adopté par le club

au moment où la réaction était triomphante ou assez
forte pour enrayer et faire dévoyer la Révolution :

| LIBERTÉ, | ASSOCIATION, |
| ÉGALITÉ, | SOLIDARITÉ, |
| FRATERNITÉ. | UNITÉ. |

# A NOS FRÈRES DE LA HAUTE-LOIRE

## LES DÉMOCRATES DE BRIOUDE

Frères,

Dénoncés aux colères du pouvoir, à la haine des
riches, au mépris de tous, par les partis de la réaction
et du mensonge, nous venons vous dire ce que nous
sommes, ce que nous voulons, pour que, ne vous
laissant plus tromper par nos ennemis, qui sont les
vôtres, vous sachiez enfin ce qu'ils veulent et ce
qu'ils sont.

Nous sommes républicains, nous avons été, nous
serons toujours républicains.

Nous avons donc pour ennemis les ennemis de la
République, les philippistes et les bonapartistes, les
partisans de Henri V et de la régence, les royalistes
du droit divin, les fanatiques champions de l'autel et
du trône.

Nous voulons la République démocratique, sociale,
une et indivisible.

Nous avons donc pour ennemis ceux qui veulent
une République monarchique, aristocratique, fédéra-
tive ou bourgeoise.

Nous voulons que l'éducation sous toutes ses formes,
primaire, secondaire, supérieure, professionnelle, soit
gratuite, commune, nationale ; qu'en outre l'éducation
primaire soit obligatoire, alors que le travail de
l'enfant du pauvre ne sera plus nécessaire à sa famille.

Nous avons donc pour ennemis ceux qui veulent la science pour les riches, l'ignorance pour les pauvres, c'est-à-dire, encore l'inégalité et l'aristocratie ; ceux qui veulent la liberté comme *en Belgique*, ce qui est le monopole de l'enseignement entre les mains des prêtres, le règne des jésuites ; en d'autres termes, l'obscurantisme, l'ignorantisme, l'abrutissement systématique.

Nous voulons l'impôt progressif, et non plus l'impôt proportionnel dont le peuple n'a que trop appris à connaître les abus ; nous voulons qu'une limite de l'impôt progressif étant posée, 200 francs par exemple, celui qui sera dix fois plus riche ne paye pas seulement dix fois plus, mais douze ou quinze fois ; que dans les villes le nombre de militaires à loger, dans les campagnes, le nombre des journées de prestation, si ces impôts sont maintenus, ne soit pas égal pour tous, mais réglé sur la fortune, etc.

Nous voulons que l'impôt frappe le luxe et le superflu plus que l'aisance, jamais le nécessaire ; qu'il atteigne le citoyen dans sa fortune, dans ses revenus de tous genres, non dans son travail, dans sa santé, dans ses besoins. Nous voulons enfin la suppression, ou du moins une diminution considérable des droits qui font renchérir les objets indispensables à la vie, comme la viande, le sel, etc. ; nous voulons surtout l'abolition complète de la taxe sur les boissons.

Nous avons donc pour ennemis ceux qui ne veulent pas qu'on impose leurs chevaux et leurs chiens, leurs palais et leurs laquais, les vins étrangers et les mets délicats de leurs festins ; qu'on touche à leurs revenus, à leurs rentes, à leurs dîmes, plus sacrés pour eux que l'épargne du travailleur, que le nécessaire de l'ouvrier.

Nous voulons que le droit au travail soit reconnu,
consacré, réalisé ; que le travailleur ne soit plus soumis au bon plaisir du maître et du capitaliste ; qu'il
puisse gagner chaque jour, pour sa famille et pour
lui, son pain de tous les jours. Nous voulons que
l'organisation du travail permette à chacun de vivre
de son salaire, de participer même, par l'association
volontaire, au bénéfice du travail commun ; que l'Etat,
par son crédit, vienne à l'aide de ces associations,
composées d'hommes de moralité et de bonne volonté ;
que chaque membre de la famille ouvrière et produc-
trice trouve, pour sa vieillesse et ses maladies, abri,
repos, assistance.

Nous avons donc pour ennemis ces *Robert-Ma-
caires* de l'industrie, ces loups-cerviers de la banque
et de la banqueroute, ces hauts barons de la finance,
qui spéculent sur la santé et la vie des travailleurs ;
qui imposent le travail, comme un frein, au peuple
qu'ils appellent *les barbares ;* qui livrent les ouvriers
à toutes les misères de la concurrence, des chômages,
des grèves ; qui jouent à la bourse l'honneur et la fortune de la France ; qui consacrent comme un droit
l'exploitation de l'homme par l'homme, par l'argent.

Nous voulons la suppression des gros traitements,
du cumul et des sinécures, de la vénalité des charges ;
la diminution du nombre des places, la nomination
des fonctionnaires, non plus par le népotisme et la
corruption, mais par l'élection et le concours ; non
plus comme prix du servilisme et de la dégradation
morale, mais comme récompense du mérite et de la
vertu. Nous voulons aussi la répression de la chicane
et de l'usure, qui ruinent nos villes et nos campagnes.

Nous avons donc pour ennemis tous ceux qui
vivent de l'usure, des procès, des divisions, des

haines particulières, des malheurs publics ; tous les intrigants, les ambitieux, les repus ; tous ceux enfin qui s'engraissent aux dépens du peuple, au mépris de la morale, à la honte de la civilisation.

Nous voulons la France libre, grande, glorieuse ; nous voulons grandes, libres, heureuses, la Pologne, l'Italie, l'Allemagne, toutes les nations opprimées.

Nous avons donc pour ennemis tous ceux qui veulent la France faible, lâche, égoïste, au milieu des nations esclaves.

Nous voulons la sainte alliance des peuples.

Nous avons pour ennemis ceux qui veulent la sainte alliance des rois.

Nous voulons pour tous la liberté de la presse, la liberté de conscience, la liberté d'association.

Nous avons donc pour ennemis ceux qui veulent la censure et le baillonnement de la presse, la fermeture des clubs, une religion d'État, c'est-à-dire le droit pour eux seuls de se réunir dans leurs salons, d'écrire dans leurs journaux, de prier dans leurs églises.

Nous voulons enfin que le peuple soit affranchi de la misère et de l'ignorance, pour qu'il s'appartienne et soit véritablement souverain.

Nous avons donc pour ennemis ceux qui veulent conserver le peuple abêti, misérable, pour le tenir à jamais asservi.

Et maintenant, frères, comprenez :

Attaqués dans leurs privilèges et leurs espérances, ne pouvant nous reprocher aucun acte de violence ni contre les personnes ni contre les propriétés, nos ennemis, dignes enfants de Basile, se sont dit :

« Calomnions, calomnions, il en restera toujours quelque chose. » Et ils ont menti, toujours menti, sciemment menti.

Ils ont menti quand ils ont dit que nous avions mis en discussion l'existence de Dieu.

Ils ont menti quand ils ont dit que l'un de nous a proposé de couper les prêtres en quatre pour multiplier les ministres de la religion et propager le culte de la divinité.

Ils ont menti quand ils ont dit que nous avions crié : *A bas les bourgeois! A bas les honnêtes gens!* dans ces nobles et religieuses fêtes de la démocratie, dans ces banquets de la fraternité, dans ces bals de l'égalité, où vous êtes venus, frères des villes et des campagnes, si nombreux, si dignes, avec vos femmes, vos enfants, vos filles, vos vieillards, retremper votre patriotisme dans de fraternelles communions, au cri de *Vive la République!*

Ils ont menti quand ils ont dit que nous avons professé dans nos clubs les maximes les plus subversives de toutes les lois divines et humaines.

Ils ont menti quand ils ont dit que la terreur, le désordre et le dévergondage règnaient dans l'arrondissement de Brioude, si calme, si tranquille, malgré les provocations, les rumeurs sinistres, les bruits alarmants, inventés, répandus par le parti contre-révolutionnaire.

Ils ont menti quand ils ont dit que des collisions ont été sur le point d'éclater dans nos villes; que la guerre civile a menacé nos campagnes.

Ils ont menti quand ils ont dit que nous étions des anarchistes, des communistes et des athées.

Ils ont menti, lâchement menti, menti sans vergogne, pour faire fermer nos clubs, pour nous faire poursuivre comme complices de l'insurrection, pour nous perdre, quand ils ont dit que nous avions fait appel à toutes les mauvaises passions, provoqué à la

révolte, au refus de l'impôt, communié sympathique-
ment avec les insurgés de juin, annoncé solennellement dans notre club, lorsqu'on se battait encore à
Paris, la délivrance des prisonniers de Vincennes ;
quand, éhontés plagiaires d'autres calomniateurs, ils
ont dit que nous avions demandé ou promis des têtes
et deux heures de pillage dans chacune de nos villes.

Ils ont menti, ils mentent sans cesse et ils mentiront
encore, car ils veulent défendre à outrance leurs
privilèges, et, pour les défendre, ils n'ont d'autres
armes que le mensonge ; car ils sont faibles et impuis-
sants, et le mensonge est l'unique arme de l'impuis-
sance et de la faiblesse.

Frères ! tirons un voile sur ces infamies. Le mensonge et la calomnie n'ont qu'un temps ; la vérité est
impérissable. Comme le soleil, elle peut être obscurcie,
mais pour reparaître bientôt. Et ce jour-là les men-
teurs disparaissent, essayant de cacher le signe indé-
lébile de honte qui s'attache au front des calomniateurs. Abandonnons les donc aux remords de leur
conscience, s'il peut leur rester quelque chose encore
de l'honnête homme.

Et maintenant, travailleurs, prolétaires, peuple,
vous tous qui êtes venus à nous pleins de confiance
et d'espoir dans notre patriotisme et notre dévouement, écoutez :

Dieu, patrie, humanité : voilà notre foi religieuse ;

Liberté, égalité, fraternité : voilà notre foi politique ;

Propriété, famille, travail : voilà notre foi sociale ;

Association volontaire et solidarité, suffrage universel et direct, enseignement national et républicain :
voilà nos moyens.

Confiants dans celui qui a tracé la carrière de

l'humanité, nous marcherons pacifiquement, progressivement, vers cette société de l'avenir où chacun
travaillera selon ses forces, sera rétribué selon ses
besoins, aimera selon son cœur, priera selon sa
conscience.

Frères ! n'écoutez donc plus ces hommes qui ont le
miel sur les lèvres et le fiel dans le cœur ; qui parlent
de paix et de concorde, et qui combattent avec les
armes empoisonnées de la calomnie ; qui prêchent la
fraternité, et qui, pour avoir raison de leurs ennemis,
appellent des soldats, se font délateurs, pouvoyeurs
de cachots.

Ceux qui vous appellent des misérables et qui étalent
impunément leurs richesses acquises aux dépens des
autres, sans avoir racheté la mémoire de leurs pères,
sans avoir payé ce qu'ils doivent à l'ouvrier dans le
besoin ;

Ceux qui nous appellent des fainéants, des vagabonds, et qui ne travaillent pas et ne font pas travailler ;

Ceux qui vous appellent la canaille et qui mendient
vos suffrages ;

Ceux qui vous appellent des pillards, et qui, sans
troubles, sans dangers, dépensent dans des orgies ou
entassent dans des coffres-forts les revenus que leur
donnent votre travail ;

Ne les écoutez pas !

Ils ne sont pas de notre République ; ils feraient
maudire les républicains.

N'écoutez pas ceux qui vous disent que l'égalité est
un rêve, la fraternité une utopie, la justice un mensonge, l'organisation du travail une chimère ; qu'il y
aura toujours sur la terre des pauvres, des mendiants
et des bourreaux.

Ils veulent faire maudire la République.

La République, frères, la vraie République, la République démocratique est fille du Christianisme et de la Révolution française. Elle fera de tous les hommes libres des égaux et des frères; elle amènera sur la terre le royaume du Christ.

Jusqu'à ce jour, vous ne l'avez connue que par un surcroît de charges et d'impôts, par la ruine du commerce, les malheurs de la guerre civile, les malaises de l'industrie, les douleurs de la guerre sociale : ne désespérez pas! la République est encore dans les crises de l'enfantement.

La République, qui a voulu payer les vols et les pillages des monarchies, la République, contre laquelle conspirent audacieusement les ennemis du peuple, les réactionnaires, les ambitieux; la République ne périra pas!

Vous n'avez qu'à vouloir, et elle vous donnera ses fruits les plus doux de liberté, d'égalité et de fraternité.

Par le suffrage universel, vous êtes tout-puissants. Vous avez pour vous le droit et le nombre. Ne désespérez donc pas, frères; restez unis, calmes, sans vous laisser diviser ou irriter par les manœuvres de vos ennemis. Associez-vous, non pour le pillage ou l'assassinat, comme le disent les insulteurs à gages, mais pour mettre en commun vos pensées, vos sentiments, vos forces. Formez partout, sous la protection des lois républicaines, des clubs, des sociétés populaires, où vous vous instruirez de vos droits et de vos devoirs d'hommes et de citoyens. Comptez-vous enfin, non pour la bataille, non pour l'insurrection (ces tentatives insensées ne font que donner plus d'audace à la réaction); comptez-vous pour les élections, où vous êtes appelés à exercer votre souveraineté. Les élections approchent ; elles seront nombreuses ; elles se renouvelleront souvent. Maires, conseillers municipaux, membres des conseils d'arrondissement, membres du conseil général, juges de paix, représentants, doivent être élus par vous. Vous êtes appelés à nommer ceux qui votent les impôts et qui les répartissent ; qui défendent vos intérêts et les intérêts de la France ; qui administrent, dépensent vos revenus, ceux de la France, de votre département, de vos communes ; ceux qui font des lois et ceux qui jugent vos contestations ; ceux enfin qui président à tous les actes importants de votre vie. En allant aux élections, comprenez-le bien, vous avez dans vos mains votre sort, celui de vos frères, celui de vos enfants.

Si vous choisissez des hommes du peuple ou dévoués au peuple, les lois seront faites pour le peuple ; si vous choisissez des aristocrates, les lois seront faites pour l'aristocratie.

Si vous nommez des grands seigneurs, au lieu de faire des routes entre vos villes et vos campagnes, ils en feront qui conduiront à leurs châteaux ; au lieu d'imposer leur luxe et leurs débauches, ils mettront l'impôt sur vos aliments et sur vos vins ; au lieu d'envoyer leurs enfants, comme ceux du peuple, défendre la patrie sur la frontière, ils continueront d'acheter les vôtres pour les faire tuer à leur place.

Si vous nommez des hommes d'affaires, qui prennent des deux mains et plaident le *pour* et le *contre,* ils perpétueront ce régime de chicanes et de procès qui vous ruinent.

Si vous nommez des hommes d'église, en attendant qu'ils rendent au clergé ses biens et le monopole de l'enseignement, ils consumeront les finances de l'État, ce produit le plus net de vos travaux et de vos sueurs, à élever ces superbes monuments que Dieu ne vous demande point, à soudoyer cette armée de jésuites qui n'est française ni par l'esprit ni par le cœur, mais dont la mission bien connue est de pousser le peuple à l'esclavage par l'abêtissement, et le bas clergé à la servitude sous l'oppression des évêques.

Frères, pensez-y, et vous n'hésiterez pas !

Repoussez donc loin de vous ces bulletins parfumés d'eau bénite qui vous sont glissés par la grille du confessionnal, et ceux que les royalistes et monarchiens de toutes les couleurs vous font distribuer par leurs laquais. Écartez sans pitié les procureurs, les hommes d'argent et les usuriers ; écartez, écartez surtout les tartufes du républicanisme et de la religion, les ambitieux sans principes, les égoïstes, les corrompus, les malhonnêtes gens de tous les partis. Ceux-là n'ont point de pitié pour les souffrances du prolétaire. La fraternité les blesse et les offense ; ils ne veulent pas des égaux, mais des esclaves. Ce sont les ennemis de la République.

Vos représentants de toute nature, à la commune, au département, à l'Assemblée nationale, prenez-les principalement parmi les cultivateurs et les artisans, parmi les travailleurs du bras ou de l'idée, probes, intelligents, dévoués républicains, qui, connaissant mieux vos besoins, défendront mieux vos intérêts et vos droits, et vous verrez enfin le terme des maux que le règne de l'argent, des parchemins et du cagotisme a fait peser si longtemps sur la France.

Peuple ! voilà notre dernier conseil ; qu'il soit sans cesse l'objet de tes méditations : si tu veux être souverain, par tes élections couronne-toi toi-même.

Salut et fraternité.

Les orateurs habituels étaient Bardolet, Joseph Perrein, Prével et Jules Maigne.

Bardolet, professeur de philosophie au collège de Brioude, aux traits fins et délicats, aux manières agréables, aux mœurs douces, était un logicien rectiligne, qui frappait fort, mais juste. Obligé d'abandonner sa chaire lorsque la réaction l'emporta définitivement, il fut habiter Paris, où il essaya de faire du commerce, ce en quoi il ne pouvait réussir et ne réussit pas. Il composa, sous l'empire, une pièce militaire qui fut jouée avec un certain succès, sans l'enrichir, et mourut presque dans la misère.

Expansif, enthousiaste, Prével, venu après les journées de mai, de Paris où il pouvait être inquiété par la police politique, prêchait en apôtre la doctrine nouvelle.

Joseph Perrein, à qui ses ennemis ont toujours reproché une faute de jeunesse, qu'il avait fait oublier par sa conduite, ses bonnes opinions, était, dans ses discours comme dans ses écrits, très agressif, attaquant les ennemis de la République sans ménagement, mais sans les calomnier.

Jules Maigne, à ses débuts, mettait déjà au service de ses principes fermes, républicains, démocratiques, cette élocution facile, correcte, qui a toujours caractérisé son talent d'improvisation, émouvant la foule plus qu'elle ne la passionnait. Il était arrivé dans les premiers jours de mars, à Brioude, où l'avait précédé une réputation qui a commencé sa légende. Donnant comme instituteur particulier, car il n'avait pas de diplôme, des leçons d'histoire, de littérature, de grammaire, il s'était fait connaître dans le quartier latin,

où il devint le rédacteur d'un journal qui ne vécut
pas longtemps. Il s'y était lié surtout avec un certain
nombre de socialistes, comme Benoît Charassin,
Magot, Songeon, Genillier, Prével, Deluc, Lebloye,
groupés autour de Charles Teste et de Buonnarotti,
qui leur enseignèrent la doctrine des égaux de Gra-
chus Babœuf.

Quelques jours avant la Révolution de Février, il
avait présidé le banquet des étudiants, où refusèrent
d'assister Odillon Barrot et ses collègues de l'opposition dynastique. Le 24 février, Jules Maigne fit son
devoir de citoyen et représenta dignement notre ville,
dont quelques autres enfants, ouvriers, prolétaires,
comme Planche, entrèrent aux Tuileries, avec les
faubouriens qui mirent en lambeaux les riches étoffes
du palais, brisèrent le trône et burent, à la santé de la
République, les vins de grands crûs emmagasinés
dans les caves royales. Le bruit s'était répandu
qu'étant à la tête d'une colonne d'étudiants et d'ouvriers, Jules Maigne s'était dévoué pour arrêter
l'effusion du sang ; on racontait que, découvrant sa
poitrine et disant aux soldats de tirer sur lui, il avait
désarmé un peloton de gardes municipaux. Un brivadois, habitant Saint-Flour, Bocage, typographe,
publia à ce sujet un acrostiche en vers glorifiant le
fait, que Perrein avait, dans le *Journal de Brioude*,
transformé en action héroïque.

Maigne crut devoir réduire à ses justes proportions
la part qu'il avait prise aux journées de février, en
haranguant, à la tête d'une nombreuse bande d'étudiants et d'ouvriers, une compagnie de ligne qui
s'empressa de lever les crosses en l'air, comme elle le

fit presque partout, des généraux eux-mêmes, Bedeau entr'autres, si incriminé plus tard pour cela, ayant dit aux troupes de ne pas faire de résistance.

Paul Leblanc, peu révolutionnaire cependant de principe et de tempérament, aurait pu être également acclamé comme un héros de février, par les brivadois qui, jusqu'à ce jour, où nous l'avons appris par hasard, ne se sont pas doutés de sa participation au renversement de Louis-Philippe. Une compagnie de chasseurs à pied ayant rendu ses armes à un groupe d'étudiants au milieu desquels était Paul Leblanc, bien jeune alors, celui-ci ayant pris un fusil, entra avec ses camarades aux Tuileries occupées déjà par des hommes du peuple en blouse, il essaya vainement d'empêcher un d'eux de crever des tableaux avec sa baïonnette, et finit par échanger, mourant de faim et de soif, son fusil avec un des vainqueurs pour un morceau de pain et un verre de vin.

A Brioude, une grande foule s'était portée à la rencontre de Jules Maigne et l'avait accompagné chez lui aux cris de vive la République, vive Jules Maigne.

Trois à quatre cents personnes assistaient tous les soirs aux séances du club que l'on ouvrait en chantant une strophe de la *Marseillaise,* et que l'on fermait en en chantant une du *Chant du Départ.* Il y venait, surtout quand les séances se tenaient au collège un certain nombre de femmes ; une des plus assidues était la mère de Malzieux, l'ouvrier forgeron, le vaillant démocrate, aux muscles d'acier, au corps de cyclope, dont s'effrayait la bourgeoisie, en le voyant passer dans la rue, les bras nus, coiffé du bonnet

rouge, et qui, longtemps après, fut un des combattants de la Commune, transportés dans la Nouvelle-
Calédonie. Etant devenu presque aveugle, ne pouvant
plus travailler, il ne voulut être à charge à personne
et se tua. Jules Vallès prononça sur sa tombe son
oraison funèbre.

# CHAPITRE II

## ORGANISATION RÉPUBLICAINE

La République avait été proclamée avec enthousiasme dans toutes les communes de l'arrondissement. Blesle s'était donné une commission provisoire, composée des citoyens Francisque Maigne, président, Merle, Souligoux, Aubine, Segret, Garanty, Sauvat-Serre. A Paulhaguet, il s'était ouvert par l'initiative de Garry, chapelier, Fouret, cordonnier, et du jeune Vigier, un club qui avait soulevé dans le Chaliergue, où plusieurs hobereaux de la *haute* avaient leurs châteaux, une véritable panique que rien ne devait justifier, — car aucune démonstration même malveillante n'eut lieu contre aucun de ceux qu'on savait être les ennemis du gouvernement nouveau. La ville de Langeac n'était pas restée en arrière. Tous les Servant, Servant Faye, dit *la Jeune France*, Servant André, Marin, Soulage, les frères Delorme Dumont, dirigeaient le mouvement. A Auzon, Passemard et Bélisson ; à La Chaise-Dieu, Badal, Flauraud ; à Lavoûte-Chilhac, les Colomb ; à Sainte-Florine, Augier ; à Lempdes, le docteur Charreyre, Comptour ; ailleurs, des républicains dont je ne me rappelle plus les noms, répandaient autour d'eux la bonne doctrine,

Tous devaient plus tard en supporter les conséquences. Le chef-lieu du département eut bientôt
aussi sa commission provisoire, dont furent membres
Breymand, André, Guilhaume, Dugonne.

Cette commission fut le conseil de mon vieil ami
Toussaint Bravard, lorsqu'il y fut envoyé par Ledru-
Rollin, à la place du préfet révoqué, comme commissaire de la République. Etudiant en médecine pendant plusieurs années, Toussaint Bravard avait été
mêlé à toutes les émeutes, à toutes les entreprises des républicains contre le gouvernement de
Juillet. Il était intimement lié avec presque tous
les hommes que la Révolution de Février avait mis
au premier rang. Il faisait avec une véritable passion
de la médecine Raspail à Jumeaux, lorsque les honneurs vinrent l'en arracher. Ce fut le 14 mars qu'il
s'arrêta à Brioude, en se rendant à son poste. Tony
Rochette, qui avait été censé faire son cours de médecine à Paris et avait beaucoup connu dans le quartier
latin, Toussaint Bravard, l'invita dès qu'il sut sa
nomination, à descendre chez lui. Il se tournait vers
le soleil levant. Le commissaire du département ne
crut pas devoir lui refuser un dîner, et ce fut chez
M. Tony Rochette, que nous fûmes avec nos amis et
la musique de la ville lui présenter nos salutations fraternelles. L'avocat Rochette, oncle de Tony, qui n'a
jamais reculé devant aucune excentricité, crut devoir
venir le féliciter de sa nomination, en se donnant
comme un républicain de vieille date. Il lui dit qu'on
devrait ajouter à la devise : liberté, égalité, fraternité,
le mot sincérité, ce qui fit esclaffer de rire, le public
connaissant à fond celle du complimenteur. Toussaint

Bravard se contenta de lui répondre qu'il le connaissait comme l'*alter ego* de M. Auguste Lamothe (l'orléaniste dont les mines étaient de la valeur de celles de Saint-Berain), et lui tourna le dos. Le lendemain, je partis pour Le Puy avec Bravard et Fournier, qui déjà posait sa candidature à la députation et se fourrait partout dans nos jambes.

Les préfets et sous-préfets du gouvernement déchu avaient été ou devaient être remplacés dans tous les départements, par des commissaires et sous-commissaires républicains. Ces fonctionnaires avaient les mêmes attributions, sous un autre nom, que les anciens représentants du pouvoir central, mais, en réalité, ils étaient investis de pouvoirs plus étendus, pendant les jours bien courts où Ledru-Rollin, par ses *envoyés* et ses énergiques circulaires, que rédigeait, a-t-on dit, George Sand, garda la haute main dans l'administration intérieure. Il y avait en même temps des commissaires généraux sous la direction desquels étaient plusieurs départements. Les commissaires généraux de Lyon dont dépendait, avec le Rhône et la Loire, notre département furent Emmanuel Arago d'abord, Martin Bernard ensuite ; de Toulouse, Joly, député ; de Montpellier, Oscar Gervais, un de mes compagnons d'exil en Belgique ; de Clermont-Ferrand, Trélat, dont les pouvoirs s'étendaient sur l'Allier, la Corrèze, le Cantal, comme sur le Puy-de-Dôme où notre concitoyen Altaroche fut nommé commissaire.

Les commissaires généraux devaient inspecter leurs circonscriptions. Dans sa visite à Issoire, Trélat fut invité à assister à une séance du club. Il y reçut un accueil très chaleureux comme dans toutes les loca-

lités de notre vieille Auvergne où il avait laissé de si
bons souvenirs, mais il fut obligé de donner l'acco-
lade fraternelle à saint Verny, patron des vignerons,
qui, après la Révolution, avait été habillé à la mode
républicaine, portant cocarde tricolore à son chapeau,
et était resté populaire, comme saint Janvier à Na-
ples. Les issoiriens, qui n'avaient pas brûlé alors
leurs vieilles reliques, suivirent bientôt le courant
qui entraîna le Puy-de-Dôme dans les eaux du napo-
léonisme.

Le commissaire de la Haute-Loire, Toussaint
Bravard, était un homme d'action, plus qu'un travailleur, un penseur. Il maniait mieux la queue de
billard que la plume, le fleuret que le bistouri.
Après un long séjour à Paris, il était venu se fixer
à Jumeaux comme officier de santé, s'étant associé un
médecin qui avait une instruction variée, Marquet,
un de ses anciens amis. Ce fut celui-ci qu'il emmena
avec lui comme son secrétaire particulier au Puy, où
il changea peu ses habitudes, se traitant maintenant
lui seul d'après la méthode du maître, avec le camphre
et l'eau sédative, car il était criblé de rhumatismes. Il
semblait campé à la préfecture, recevant dans un
modeste cabinet, en habit noir quelquefois, mais
presque toujours chaussé avec des sabots et coiffé
d'un bonnet de soie noire. C'était à l'hôtel qu'il
mangeait avec Marquet.

Je ne l'avais connu à Paris que de nom, de réputation et de vue, mais depuis qu'il résidait à Jumeaux,
je m'étais lié avec lui, à cause de la conformité de nos
opinions politiques, de nos relations avec des amis
communs. J'allais le voir souvent et m'y rencontrais

avec quelques-uns des républicains qui ont joué un rôle dans la politique, comme Caussidière, Pilhe, Lecureux, etc. Bravard avait donc pensé aussitôt qu'il avait été nommé commissaire de la Haute-Loire, à me faire donner les fonctions de sous-commissaire à Brioude.

Après le 24 février, nous n'avions pas occupé la sous-préfecture, parce que le sous-préfet était alors un de mes proches parents, Eugène Couguet, fonctionnaire aimé de la population par sa bienveillance, sa politesse, l'empressement qu'il mettait à obliger, semblant chercher les occasions de le faire plus encore par caractère que par politique. Il avait échangé depuis peu, la place de procureur du roi au Puy pour celle de sous-préfet à Brioude, et quoique tout dévoué à son ami Salveton, député et procureur général, il n'était pas agressif contre l'opposition dynastique ou anti-dynastique. Ce n'était pas à moi, à moins d'une nécessité absolue, de prendre l'initiative plus ou moins révolutionnaire dirigée contre lui. Lorsque Bravard me proposa le sous-commissariat, je refusai par ce motif même. Toutefois, lorsque, par une mesure générale, que l'intérêt de la République exigeait, tous les préfets et sous-préfets de Louis-Philippe durent être remplacés par des républicains, je ne pus refuser une fonction, que Bravard et mes amis m'imposaient comme un devoir.

J'en exprimai mes regrets à mon cousin, qui comprit la situation et rentra dans la vie privée, comme M. de Montgond, sous-préfet d'Yssingeaux, ancien officier brave et loyal, avec qui j'avais eu les meilleurs rapports, malgré la différence de nos opinions.

Ma nomination me brouilla immédiatement avec Tony Rochette qui, parce qu'il avait beaucoup connu Toussaint Bravard dans le quartier latin comme étudiant, et sans faire avec lui ni avec personne de la politique, s'était imaginé que cette place devait lui revenir de droit. Elle fut aussi l'occasion, mais par un autre motif, d'une agression brutale que j'eus plus tard à subir de son beau-frère, Alphonse Monestier, un de mes amis d'enfance, petit-fils du procureur du roi Lagrange, le dernier bailli du chapitre, et fils d'un bourgeois campagnard qui avait vécu séparé de sa femme.

Monestier avait été compromis, mis en prison pendant quelques jours pour les affaires de juin 1848, auxquelles il n'avait pris aucune part, car il faisait à Paris son cours de droit, comme Rochette, son cours de médecine, au café et dans les bals d'étudiants. Il ne s'occupait à Brioude et dans le canton de Paulhaguet, où était sa campagne, que de chasse et d'agriculture, voisinant avec les propriétaires du Chaliergue, à quelque opinion qu'ils appartinssent. Ne doutant d'ailleurs de rien, il était violent, emporté, assez mal élevé.

Se recommandant de son beau-frère et de moi, Monestier avait réclamé avec vivacité, presque impérieusement, la nomination à la justice de paix de Langeac, d'un de ses compagnons habituels de chasse, M. Cisternes, qui n'y avait aucun titre soit par ses capacités, soit par ses opinions que personne n'avait jamais su être républicaines. Cette place, que j'aurais voulu voir occuper par Dumont, de Langeac, qui avait été le correspondant de Dupoty, au journal *le Peuple,* et était alors à la tête du parti républicain dans sa ville, fut donnée à un habitant du Puy.

Monestier en fit retomber sur moi la responsabilité et nous ne nous parlâmes plus. Mais un jour que je me rendais au Conseil général en diligence, le chemin de fer n'étant pas encore commencé, nous nous rencontrâmes à Fix, où nous dinions chacun de notre côté et dans deux salles différentes. Après le dîner, ayant peut-être bu plus que de coutume, ce rancunier personnage, qui se trouvait en compagnie d'un des messieurs de Flaghac, noble réactionnaire, avec qui il allait chasser, vint à moi, et me reprochant les causes de notre division, me donna un coup de poing en plein visage, ce dont je fus si abasourdi que je ne songeai même pas à riposter. Au Puy, je pris conseil de mes amis du Conseil général, et d'un de mes collègues d'une autre opinion que la mienne, M. Duchayla, beau-frère du représentant Carbonnel, tué sur les barricades de juin et ancien officier. Ils me dirent que d'après ce qui s'était passé, c'était en police correctionnelle que je devais traduire, comme coupable de coups, mon agresseur.

C'est ce que je fis. Ma cause fut soutenue par Millère, alors rédacteur d'un journal républicain à Clermont, et qui vingt-un ans après fut fusillé sur les marches du Panthéon pendant la Commune. Monestier fut condamné à une amende de cent francs, que je distribuai aux pauvres du Puy. Je n'avais demandé, bien entendu, de dommages-intérêts que pour la forme. En sortant du palais de justice, Monestier fut hué, avec Tony Rochette, Amable Couguet et quelques autres de ses amis de Brioude, qui l'avaient accompagné, par la foule que ces débats avaient attirée.

Dans mon court séjour à la sous-préfecture, je ne manquai pas d'occupations, d'embarras. Il fallut réorganiser toutes les mairies, qui par une cause ou par l'autre étaient détraquées. Dans beaucoup de communes la population avait déposé ses maires et en réclamait de nouveaux. Investi d'un pouvoir presque discrétionnaire, bien qu'il ne fût pas légal, j'étais obligé de recevoir de nombreuses députations de paysans, qui voulaient, les uns remplacer leur maire, les autres le conserver, et me désignaient, pour mettre à la tête de leur commune, ceux que chaque fraction déclarait républicains en accusant les autres d'être des blancs. Dans l'impossibilité où j'étais souvent de faire un choix convenable et surtout de contenter tout le monde, j'avais pris le parti de faire faire l'élection par le suffrage universel ; je réunissais les diverses députations par communes, dans la cour ou un des slaons de la sous-préfecture, et je les faisais voter par acclamation. De cette manière, le maire était censé représenter la majorité de la commune, et je n'étais pas responsable des choix qui n'étaient du reste que provisoires, une loi nouvelle pour l'organisation des conseils municipaux étant en discussion.

Ayant refusé, par cela même, d'imposer aux communes de Torsiac, Fontannes, Paulhac, des maires dont les opinions passées n'offraient pas assez de garanties pour le présent, et cela malgré leurs sollicitations, bien qu'ils fussent mes amis, Adrien Torsiac, Tallobre, Léon de Miramon, je fus brouillé avec eux, et à toutes les élections je les trouvai dans les rangs de mes adversaires.

De quelques communes arrivaient aussi des délégations réclamant le changement de leurs curés. Ici
je ne pouvais pas procéder de la même manière. Je
ne pouvais qu'écrire à l'évêque du Puy de donner
satisfaction aux vœux des populations. A Bournoncle,
les habitants ayant vainement attendu le départ de
leur curé, voulurent se faire justice eux-mêmes. Sur
leur demande, le maire fit fermer l'église, dont le
curé défendit vivement l'entrée et mit les clefs dans
sa poche.

Grande rumeur dans le monde dévot et dans le
clergé, comme l'on pense. Dénoncés comme des
ennemis de l'ordre et de la religion, les paysans de
Bournoncle se rendirent en masse à la sous-préfecture, où ils avaient porté du vin et du pain pour s'ali-
menter dans la journée. Je ne pouvais que leur conseiller, ce que je fis, de laisser l'église ouverte jusqu'à
ce que la question fût résolue par qui de droit ; mais
je les laissai *communier ensemble* avec le pain et le
vin, dans la loge du concierge, ne voyant aucun in-
convénient, au contraire, à ce qu'ils ne fussent pas
remplir les cabarets de la ville. Cela me fut imputé à
crime. La réaction à Brioude, et son organe, le journal de Gaudelet, au Puy, me dénoncèrent comme
ayant permis à une foule ameutée contre son curé, de
se livrer à toutes sortes d'orgies dans les salons de la
sous-préfecture.

Je fus appelé à procéder aux premières opérations
du tirage qui eurent lieu après la Révolution de Février. A ce moment on pouvait redouter des compli-
cations à l'extérieur. Des bruits de guerre étaient
répandus dans les campagnes par les ennemis du

nouvel ordre de choses. Il y avait lieu de prévoir l'émotion causée par ces rumeurs, au moment où une partie de la jeunesse française était appelée sous les drapeaux; elle était de nature à provoquer une certaine agitation dans nos contrées comme partout. Il n'en fut rien. Je fus reçu par les populations, en ma qualité de représentant du gouvernement républicain, avec des honneurs et un empressement inaccoutumés. Les maires, à la tête de leur conseil municipal, vinrent me souhaiter la bienvenue et m'assurer du dévouement de leurs administrés à la République.

# CHAPITRE III

## FÊTES DÉMOCRATIQUES

Le mois d'avril, illuminé d'ailleurs par un soleil de printemps, fut rempli par des fêtes populaires qui se continuèrent jusqu'à la fin de mon sous-commissariat, où la réaction jeta son eau glacée sur le feu, l'enthousiasme des premiers jours.

Ce fut le dimanche 8, que Brioude planta son arbre de la liberté, que lui donna la commune de Lamothe, sa voisine. Dès le matin, plusieurs citoyens, assistés du citoyen Vincent, entrepreneur, furent le déraciner dans un profond ravin. A une heure et demie le cortège, musique et sapeurs-pompiers en tête, partit de Brioude. Plus de 1,500 citoyens étaient sur les rangs. Arrivés à Lamothe, ils y reçurent un accueil des plus fraternels. Toute la population s'était cotisée pour leur faire une cordiale réception. On était de retour à quatre heures et demie du soir, et malgré une pluie battante, la plantation de l'arbre eut lieu au milieu d'une foule innombrable, en présence du sous-commissaire, des maire, adjoints, membres de la commission municipale, et des principaux fonctionnaires. Le curé Redon, avec tout son clergé, qu'on n'avait pas invité, mais qui avait saisi l'occa-

sion de prendre part à la cérémonie, bénit l'arbre
après avoir prononcé un discours dans lequel il rappelait que Jésus-Christ avait été un républicain. Cela
ne l'empêcha pas de dire plus tard qu'il avait cru
devoir, en se mêlant à la solennité démocratique,
faire quelque chose pour amuser ses paroissiens.

L'un de ceux qui jetèrent avec plus de componc-
tion la pelletée de terre pour enterrer les racines de
notre arbre de liberté, fut le vicaire Robert, mort au
Puy, curé des Carmes, âgé de plus de 80 ans. Aussi
ultramontain que possible, il se doutait bien, comme
tous les prêtres de France, qu'en arrosant d'eau bénite l'arbre symbolique qui aurait dû remplacer celui
de la croix, il le ferait crever, ce qui n'a pas manqué.

Les citoyens Jules Maigne et Beraud aîné pronon-
cèrent des allocutions chaleureuses, vivement applaudies. Chaque membre du bureau du club jeta une
pelletée de terre au pied de l'arbre, et la cérémonie se
termina aux cris de : vive la République! vive la
liberté! Chacun répétait ces paroles de Beraud :
« Qu'il vive, cet arbre. Prenons garde à ce que de
vils insectes n'en viennent pas ronger les racines. »
Personne ne prévoyait alors que ces vils insectes
dussent venir si vite le couper sur pied.

M. de Talayrat, qui avait chanté tour à tour les
belles, le vin, les victoires et conquêtes de l'empire,
ajouta à sa lyre, non une corde d'airain, comme le fit
après Décembre Victor Hugo, mais une corde républicaine. Il publia la pièce de vers suivante, que nous
reproduisons pour donner un aperçu de la conversion,
des bonnes intentions comme de la poésie d'un
homme qui a été un de nos maires les plus populaires :

Arbre chéri, bien doux emblème
De notre jeune liberté,
Toi que plante l'égalité,
Des Français déité suprême.

Croîs chaque jour, croîs sous nos yeux,
Du bonheur gage précieux.

Elève ta tête immortelle !
Qu'elle plane au-dessus des vents
De cent orages menaçants,
Ta tige sortira plus belle.
Croîs chaque jour,....

Un jour sous ton épais feuillage
Dormiront nos joyeux enfants.
La paix règnera dans nos champs
Et l'amitié sous ton ombrage.
Croîs chaque jour,....

Et nous qui saluons l'aurore
D'un jour pur, unissons nos vœux !
Faisons parvenir jusqu'aux cieux
Ces accents, d'une voix sonore :

Jurons, jurons fraternité
Sous l'arbre de la liberté.

Plus de vains mots, plus de disputes !
Aimons-nous bien pour être heureux :
C'est à former les plus doux nœuds
Que doivent se borner nos luttes.

Jurons, jurons fraternité
Sous l'arbre de la liberté.

Les jours suivants, chaque quartier voulut planter son arbre de liberté. Il s'en éleva à la fois quinze, dont pas un seul, hélas ! n'échappa à la tourmente réactionnaire, ayant été renversés par quelques-uns de ceux-là mêmes qui les avaient plantés. Jules Maigne, Jean Faugère et moi, nous étions convoqués à toutes les plantations, où nons ne pouvions nous dispenser d'assister, alors même que c'étaient des républicains de pacotille comme les Gaubert et consorts, qui nous y appelaient. Nous y rencontrions toujours quelque prêtre, qui arrosait de son eau bénite, l'arbre que nous arrosions, nous, de vin du pays, en buvant à la santé de la République, ce qui ne laissait pas d'être fatigant, bien que nous trempions seulement nos lèvres dans le verre de la fraternité.

Après la plantation des arbres de liberté, ce furent les banquets qui furent à l'ordre du jour. Le club avait décidé qu'un grand banquet aurait lieu au collège. Le 16 avril fut le jour choisi. En voici le compte-rendu publié par le *Républicain de la Haute-Loire* :

« A défaut de local assez vaste pour contenir les convives, le temps avait permis de disposer la cour du collège pour les recevoir, grâce aux soins et au zèle infatigable du citoyen Ernest St-Ferréol.

» Cent tables de vingt couverts avaient été dressées : au fond de la cour, on lisait, en lettres tricolores, cette inscription : banquet de l'égalité ; en face s'élevait un trophée où les instruments et les outils de toutes les professions étaient représentés au milieu d'une tapisserie de feuillage. On y remarquait aussi des armes de toutes espèces, canons, fusils, sabres, lances, le tout surmonté de drapeaux. Sur les parois des murs avaient été inscrits ces mots : solidarité, travail, association, liberté, fraternité.

» A neuf heures du matin, le rappel a battu et en peu d'instants plus de trois mille personnes se trouvèrent réunies sur la place de l'Hôtel-de-Ville ; de là, on s'est rendu avec la musique et les sapeurs-pompiers à la place du Postel, où quatre-vingts jeunes filles du peuple attendaient, rangées dans le plus grand ordre, autant de chefs de sections, auxquels elles ont distribué de petits drapeaux confectionnés à leurs frais.

» C'était leur fête aussi à elles, la République devant donner à la femme le rang qui lui appartient dans une nation libre qui consacre tous les droits. Quelques *demoiselles* de la ville avaient envoyé directement des drapeaux au collège.

» Après une touchante allocution adressée à nos sœurs par le citoyen Amédée St-Ferréol, le cortège s'est formé et mis en marche pour l'église paroissiale où un service funèbre allait être célébré en l'honneur des victimes de Février (dans le parti républicain, on croyait encore en 1848 à l'alliance de l'église et de la République).

» Voici l'ordre du cortège : la musique et les sapeurs-pompiers ouvraient la marche ; au milieu de ceux-ci s'étaient rangées les quatre-vingts bergères (on appelait ainsi les jeunes ouvrières de Brioude). Rien de plus pittoresque, de plus émouvant, que de voir ces jeunes filles, au milieu de leurs pères, de leurs frères, participer à l'enthousiasme de ceux-ci et célébrer avec eux notre première fête républicaine, sans autre ornement que leur simplicité, leur pudeur, l'incarnat de leur âge et les bouquets qu'elles avaient reçus en échange de leurs drapeaux, car il n'y a pas de fête sans fleurs. Venaient ensuite les chefs de sections, chacun avec leur drapeau. Tout le peuple terminait le cortège qui était composé de trois mille citoyens au moins.

» Après l'office funèbre, où l'on a pu entendre du

moins le clergé chanter le *Domine salvam fac rempublicam*, on s'est dirigé de nouveau sur la place
d'Armes pour se former en sections.

» A une heure et demie, deux mille convives, parmi
lesquels figuraient quatre cents invités des communes
de l'arrondissement, se sont assis au banquet présidé
par le citoyen Moulin, cultivateur, Méry, boucher,
et Clément Beraud, vice-présidents. On remarquait
à la table du président et des vice-présidents les
citoyens Amédée St-Ferréol, Jules Maigne, Achille
Reynaud, Polge Montalbert, ces deux derniers délégués du comité du Puy ; Talayrat, maire de Brioude,
et Mallye, président du tribunal civil.

» Chaque table se distinguait par son drapeau et
un numéro d'ordre inscrit sur une large plaque tricolore.

» Nos bergères avaient eu le privilège d'entrer au
collège et étalaient aux croisées leurs frais sourires,
au-dessus de nos têtes.

» A trois heures, le citoyen Moulin est monté à la
tribune et a donné le signal des toasts par celui qu'il a
porté à la fraternité. « Citoyens, s'est-il écrié, soyons
» tous frères, tous unis, car la fraternité et l'union
» sont la sauvegarde de la République. »

Les autres toasts ont été portés dans l'ordre suivant : par les citoyens Amédée St-Ferréol, à l'égalité ;
Jules Maigne, aux hommes de bonne volonté ; Joseph
Perrein, secrétaire du club, au peuple ; Bardolet,
vice-président du club, à l'élection des candidats
purement et anciennement démocrates ; Achille
Reynaud, délégué du Puy, aux habitants de Brioude ;
Boyer, teinturier, délégué des ouvriers de Paris, à la
commission du Luxembourg, à l'organisation du travail ; Beraud Clément, à l'extinction de la misère ;

Jean Faugère, aux barricades de Février; Gresse fils, à la jeunesse française ; Montjalard, receveur de la poste, à la République ; Lamothe Julien, à l'agriculture ; Thomas, juge d'instruction, à l'éducation politique et morale du peuple ; Fournier, commandant de la garde nationale, à l'armée ; Peyrier, pharmacien, aux électeurs ; Polge Montalbert, à l'organisation de la démocratie pour la lutte électorale.

» Après les toasts vivement applaudis, les convives se sont remis en rang et sont retournés à la place d'Armes chanter au pied de l'arbre de la liberté le *Chant du Départ* et la *Marseillaise*. Trois mille personnes chantèrent en chœur le dernier couplet de l'hymne de Rouget de l'Isle et se séparèrent en poussant les cris de Vive la République ! Vive la France.

» La nuit fut aussi calme que brillante ; les croisées de toutes les maisons éclataient de lampions, et jusqu'à deux heures du matin, les promeneurs sillonnèrent les rues de la ville en faisant retentir l'air des cris et des chants les plus enthousiastes.

» Joseph PERREIN. »

« Cette fête se continua sous d'autres formes, les lundi, mardi et mercredi suivants ; chaque quartier improvisa, au pied de son arbre de liberté, un banquet où présidèrent la cordialité et la fraternité les plus franches. C'étaient sur de simples tréteaux de bois, sans nappe, qu'étaient servis les viandes froides et les fruits qui composaient le menu de ces démocratiques repas; mais on buvait à la République, à la Révolution, ce vin à un sou la bouteille, qui, peu coloré mais généreux cependant, avait été appelé le vin Raspail, parce que tous les travailleurs pouvaient en boire.

» Pendant ces journées, on aurait pu voir dans

Brioude des groupes de cinquante à cent citoyens et citoyennes aller fraterniser d'une table à l'autre, parcourir les rues en se promenant aux sons du tambour et de la musique. Sur chaque place se levait un bal où la fille du peuple célébrait aussi la victoire et l'émancipation du peuple.

» Pendant les mois suivants, les républicains de Brioude organisèrent dans le Petit-Bois de St-Ferréol près Brioude, un banquet plus démocratique, plus nombreux encore que celui du collège.

» Le club de Brioude avait appris qu'un banquet à 25 centimes, dont le journal le *Père Duchesne* où Colfavru écrivait, devait avoir lieu à Paris. Aux jours d'inquiétude et de découragement, où avait conduit un gouvernement sans énergie, sans décision et qui semblait vouloir ajourner les réformes les plus urgentes, les démocrates de la capitale voulaient aller se retremper, se fortifier, au milieu de ces gigantesques démonstrations du sentiment public, au feu merveilleux du foyer des masses populaires. Les patriotes de Brioude durent se joindre de loin à la solennelle réunion de leurs frères de Paris. Comme ceux-ci, ils voulurent protester contre l'inertie de la commission exécutive, le mauvais vouloir ou plutôt la marche réactionnaire de l'assemblée nationale, se compter en face de la contre-révolution, jurer de lutter vigoureusement contre cette dernière, et d'avancer toujours vers les réformes sociales ; ils voulurent aussi témoigner leurs sympathies à Albert, Raspail, Barbès, condamnés par la haute-cour de Bourges, pour les journées de mai, et qu'ils regardaient comme les porte-drapeaux de la démocratie militante.

» Quatre mille citoyens, hommes, vieillards, femmes et enfants, dans une de ces merveilleuses agapes dignes de celles où se réunissaient, dans les premiers temps les disciples du Christ, vinrent prendre part à ce banquet démocratique et fraternel.

» C'était un dimanche, le 11 juin. La journée fut bien remplie. A six heures du matin, une salve d'artillerie tirée des hauteurs de Saint-Laurent, invita les habitants des campagnes et de la ville à se préparer au banquet. La matinée fut consacrée à la réélection du commandant et du porte-drapeau de la garde nationale. Les deux candidats désignés par le club furent élus. Le commandant fut Cheminard, libraire, par lequel on remplaça l'ingénieur Fournier, passé à la réaction après les élections pour la Constituante. On avait échangé un cheval borgne contre un cheval aveugle ou plutôt contre un âne débâté. Cheminard devait devenir plus tard le maire de la réaction.

» A trois heures de l'après-midi, au moment où les opérations venaient d'être terminées, la population de Brioude et les députations des villages voisins se sont assemblées au Postel où rendez-vous avait été donné. Là encore une nouvelle salve d'artillerie a donné le signal des préparatifs du départ pour le bois de Saint-Ferréol, choisi comme lieu du banquet.

» Tous les convives se sont rangés en ordre sous la conduite du citoyen Bardolet, professeur de philosophie, président du banquet, et des citoyens Villa, chapelier, et Vernière, cultivateur, vice-présidents.

» Le citoyen Cheminard, le nouveau commandant de la garde nationale, prêtait son concours pour diriger et maintenir l'ordre de la marche.

» Au dernier coup de canon qui s'est fait entendre la musique a joué la *Marseillaise*, et l'immense cortège, après avoir fait le tour de l'arbre de liberté, a traversé la ville en passant par les places de la Fénerie, de Saint-Jean, du Mazel et la rue des Aiguilliers. Il était beau de voir le long des boulevards un si grand nombre de citoyens, se presser sous le bras, sur quatre rangs et portant chacun leur vin et leur pain. La tête du cortège entrait déjà au bois de Saint-Ferréol, lorsqu'encore la dernière extrémité n'était qu'à la sortie de la ville. C'était le parcours d'un kilomètre et demi environ que tenait le cortège

« A mesure que les convives arrivaient au bois, ils se divisaient en petits cercles et s'asseyaient sur le gazon. Rien de plus émouvant que l'empressement des citoyens de Brioude à mêler au milieu d'eux les citoyens des campagnes, à leur partager la frugale collation qu'ils avaient apportée. Après cette *cène* qui avait bien aussi sa teinte religieuse et où l'enthousiasme avait, comme une flamme, passé de groupe en groupe, à la demande de quelques habitants des campagnes, le citoyen Bardolet, président du banquet, le citoyen Jules Maigne, président du club de l'égalité, Amédée St-Ferréol, sous-commissaire, ont pris successivement la parole.

« Le citoyen Bardolet a remercié les habitants des cantons et des communes de s'être associés à la manifestation de leurs frères de Brioude.

« Dans une allocution vive, chaleureuse, le citoyen Jules Maigne a remué dans le cœur de ses auditeurs des sentiments qui leur étaient peut-être inconnus. Leur parlant du passé et de l'avenir des peuples, il leur a demandé si c'était en arrière ou en avant qu'ils voulaient marcher.

« Deux paysans, un illuminé, Fontanon, et un mystique, Bertrand, dans des improvisations d'une simplicité originale, prime-sautière, qui ont été fort applaudies, comme les discours précédents, ont exprimé des sentiments véritablement démocratiques.

» Les danses se sont ensuite improvisées sur tous les points du bois ; pendant deux ou trois heures, la gaieté la plus franche a présidé à ces quadrilles républicains. Nos aimables brivadoises semblaient étaler plus de franchise et d'ingénuité qu'à l'ordinaire.

» A sept heures, les convives se sont remis en rang et sont revenus à Brioude, en faisant retentir l'air des cris de : Vive Louis Blanc ! vive Barbès ! De nombreux cris de vive la canaille sont aussi partis de plusieurs rangs. Quelques bonnes gens ont fait les étonnés et se sont cachés d'épouvante. Qu'on se rappelle et qu'on ne voie dans ce cri ironique que la manière dont le club prend certaines injures qu'on leur distribue chaque jour. Nous aussi nous terminons cet article par le cri de : *Vive la canaille,* car la canaille a fait la liberté, comme dit le refrain d'une chanson nouvelle.

» Joseph PERREIN fils. »

Cette grande et pacifique manifestation populaire fut l'objet des déclamations les plus retentissantes, des dénonciations les plus absurdes contre le club de Brioude et tous ceux qui y avaient assisté. Je fus, bien entendu, un de ceux qui eurent l'honneur d'être dénoncés aux colères du pouvoir. On m'accusa d'avoir, bien que sous-commissaire, assisté, — dans un lieu suspect, qui fut appelé par les Rochette, les Fournier, de Brioude, les Bouchet et Gaudelet, du Puy, le *Bois de Mandrin,* parce que d'après eux, ce chef des ennemis de la gabelle y avait campé, — à un rassemblement factieux où, sous prétexte de banqueter, l'ordre avait été profondément troublé par des discours et des cris excitant à la haine et au mépris de la bourgeoisie et des riches.

Gallice père, l'imprimeur du *Républicain de Brioude*, qui, au lendemain de la Révolution de Février, avait mis avec empressement sa feuille d'annonces au service du parti triomphant, profita de l'occasion pour revenir à ses véritables opinions ; il désavoua Perrein, dont il appela réactionnaires les doctrines et refusa dès ce moment les articles.

Le bois de St-Ferréol reçut alors de la population de Brioude le nom de *bois de la fraternité,* et il le conserva jusqu'au coup d'Etat. Il y eut encore deux banquets du même genre, au mois de juin, quelques jours avant la journée qui décima à Paris le parti républicain avancé, et en août, à la veille de mon remplacement à la sous-préfecture par un réactionnaire.

Le second surtout fut presque aussi nombreux, aussi émouvant que le premier. Beaucoup de députations des cantons de Paulhaguet, Langeac, Blesle, Auzon, y étaient venues fraterniser avec les démocrates de Brioude. Des discours chaleureux furent prononcés et tout se passa dans un ordre admirable. Il fut alors question d'organiser dans les environs de Fix, un banquet où pourraient se réunir les délégations des républicains des arrondissements du Puy et d'Yssingeaux. Le manque de communications rapides, les difficultés d'un déplacement à grande distance, empêchèrent ce projet d'être mis à exécution.

Sous l'empire et jusqu'à nos jours, les habitants de Brioude ont continué de se rendre en masse au bois de St-Ferréol, baptisé dès ce moment le *Petit bois,* le jour de la fête de Brioude et de la fête nationale, l'anniversaire du 14 juillet, parfois avec les sapeurs-pom-

piers et la musique. Toujours on y danse, on y goûte
sur l'herbe, par groupes ; mais on n'y fait plus de
politique , on n'y prononce plus de discours, et les
limonadiers, les marchands forains envahissent le
bosquet, comme s'ils étaient dans un lieu public, ce
dont nous ne nous plaignons du reste pas, bien que
ce bosquet dépende de notre propriété de St-Ferréol.

Depuis l'avènement de la République de Septembre, la bourgeoisie s'abstient d'y mettre les pieds,
craignant de se confondre avec la démocratie, qui l'a
éliminée de toutes les assemblées électives et s'amuse
sans lui en demander la permission.

Je donnai moi-même à la sous-préfecture des fêtes
qui eurent alors un grand retentissement dans notre
pays. J'ouvrais à deux battants à la population les
portes de cet hôtel officiel, dans les salons duquel les
classes dirigeantes avaient été seules invitées à venir
danser, jouer, et où la veille de la Révolution de Février un bal masqué avait été donné par M. Couguet
à la société philippiste. Tout le Brioude populaire,
démocratique, républicain, prit part à cette fête qui a
de l'analogie avec les *réceptions ouvertes* des grands
fonctionnaires du gouvernement actuel, chacun ayant
le droit d'y venir sans être invité. Quinze cents personnes au moins, parmi lesquelles les jeunes gens et
les jeunes filles des classes laborieuses de la ville
et de la campagne étaient en majorité, se livrèrent de
neuf heures du soir à six heures du matin au plaisir
de la danse, dans les salles de la sous-préfecture, avec
une gaieté et un entrain charmants.

Jules Maigne et moi, qui dansions encore, nous
ouvrîmes le bal et dansâmes avec nos jolies bergères,

plus d'une de ces bourrées d'Auvergne, où l'*on fait peter le pied* et où l'on embrasse sa danseuse.

Le lendemain du jour où la musique, accompagnée par une partie de la population ayant appris que j'allais abandonner mes fonctions de sous-commissaire, était venue me porter un témoignage de sympathie, d'estime, je donnai un dernier bal populaire qui fut aussi brillant, aussi animé que celui du mois de mai. Ce furent mes adieux à mes chers administrés des deux sexes.

Favorisées par un temps magnifique, ces fêtes de jour et de nuit que nous venons de rappeler, étaient belles par leur caractère populaire, égalitaire, fraternel, alors que, pleins de foi et d'espoir, nos braves paysans, nos vaillants ouvriers, au milieu de vieillards, de jeunes filles, d'enfants, allaient, au nombre de deux à trois mille au Petit-Bois de Saint-Ferréol, rompre sur l'herbe le pain des égaux, et divisés par groupes, fraterniser le verre à la main, aux chants de la *Marseillaise* et de la *Republique des paysans*. Après quelques paroles chaleureuses et démocratiques de s amis du peuple, républicains de la veille, terminées par les cris de : Vive la République, les danses s'improvisaient sous les arbres qui commençaient à verdir ; puis la foule, ombragée par les drapeaux tricolores que portaient des députations de chaque commune, revenait en colonne profonde à la ville, s'inclinait en passant devant les arbres de liberté plantés sur nos places, et après une nouvelle acclamation de : Vive la République poussée vers les cieux, rentrait calme, sérieuse, recueillie.

Ces fêtes étaient belles, aussi lorsque, étant sous-

commissaire, j'ouvrais les salons aristocratiques de
a sous-préfecture aux paysans, aux ouvriers, aux
prolétaires, aux fils et aux filles du peuple, qui venaient pour la première fois fouler les parquets cirés
des salles réservées aux réunions du grand monde,
faisant craquer les planches sous leurs pieds, en
dansant la bourrée d'Auvergne et la montagnarde ;
se répandant comme un flot, dans les cours, les jardins illuminés, cette foule animée, joyeuse, emplissait
tout, sans désordre, sans confusion, de joie, de danses,
de plaisirs.

Ces fêtes étaient belles encore, lorsque sur les
terrasses de notre collège, d'où l'on découvre notre
riche plaine que traverse l'Allier aux pieds de vertes
montagnes, deux mille citoyens venaient s'asseoir à
ces longues rangées de tables en bois grossier, au-
dessus desquelles flottaient au vent des centaines de
drapeaux tricolores.

Oui, ces fêtes étaient belles et le souvenir en est
resté dans le cœur de ceux qui les ont vues, dans la
mémoire de ceux qui les ont entendu raconter ; elles
méritent d'être inscrites dans nos annales brivadoises.

Elles ont laissé dans nos pays une empreinte qui
ne s'est pas effacée et qui a produit ses fruits de
républicanisme démocratique. Les réactionnaires, qui
alors ont essayé de les flétrir de leurs outrages, et
nous ont calomniés, parce que nous les avions oubliés,
cachés qu'ils étaient dans leur demeure ou perdus
dans les rangs des républicains dont ils avaient pris
le masque, ceux-là l'ont bien appris aussi.

Notre ami Prével qui, à la suite de la journée de
mai 1848, avait dû quitter Paris, où tous les vrais

républicains furent alors tenus pour suspects, fit à l'occasion des banquets du Petit-Bois, ces strophes que nos amis nous sauront gré d'avoir pu conserver et publier :

Que la musette s'enfle et que le flageolet
Pousse son cri perçant aux échos des montagnes.
C'est votre fête à tous, habitants des campagnes,
A vous qui nous donnez le pain, le vin, le lait.

Vous voici tous joyeux, comme un jour de dimanche ;
Tous venez avec nous à la fraternité !
La jeune brivadoise a mis sa robe blanche
Et son bonnet coquet et ses rubans d'été.

Que la veste de bure au drap fin se marie ;
Aimons-nous, serrons-nous, c'est la fête aujourd'hui.
Demain peut-être, hélas ! le deuil de la patrie.
Profitons du soleil, quand un beau jour a lui.

Que le *Chant du Départ,* la *sainte Marseillaise*
Soient poussés vers les cieux comme un long cri d'amour.
Les rois sont terrassés ! peuple tressaille d'aise !
Tends les mains aux vaincus s'inclinant en ce jour.

Ta rude main calleuse, ils la prennent, les traîtres ;
Ils chantent tes hauts faits ; ils sont républicains...
Ils sont bas et rempants ; ils sont valets, les maîtres.
La laine des moutons pousse au dos des requins.

Laissons-les donc en paix et courons à la fête ;
Le gazon retentit sous les souliers ferrés.
Deux à deux, trois à trois, nous n'avons qu'une tête.
Un seul cœur et deux bras l'un à l'autre serrés.

Partageons notre pain, comme aux premières cènes.
Que la coupe d'amour passe de main en main.
Nos cœurs sont purs et droits et nos lèvres sont saines,
Et Dieu qui nous voit tous bénit notre festin.

A cette époque, la grande majorité des républicains était déiste. Elle pouvait croire que Dieu bénirait ces banquets, ces bals égalitaires où, pour la première fois, le peuple libre et souverain communiait avec le pain et le vin de la fraternité. L'illusion fut de courte durée ; le peuple retourna bientôt dans la servitude, et de ceux qui étaient au bois de la Fraternité, plus d'un fut emporté par le vent de l'orage.

Au bout d'une période bien courte dans la vie d'un peuple, Jules Maigne était dans les prisons d'Etat, Francisque Maigne, Perrein et moi étions exilés en Belgique, Triouillier, Beysseyre, Dufaut, se voyaient transportés en Afrique, Bardolet, Prével avaient quitté Brioude pour se créer ailleurs une position.

En réponse aux accusations de l'imprimeur Gallice contre Perrein, notre club démocratique de l'*égalité* dans la séance du 21 juin, déclara à l'unanimité protester contre l'article publié dans le journal le *République blicain de la Haute-Loire*.

Tous les membres du club, lit-on, dans le compterendu de cette séance publié également dans cette feuille, déclarent que les idées du citoyen Perrein, loin d'être rétrogrades, étaient celles d'un franc et loyal républicain, et prièrent l'éditeur-gérant de cette feuille de vouloir bien insérer cette protestation, qui avait été soumise à l'approbation du club entier et signée par les membres du bureau. — *Le président,* Prével ; *vice-présidents,* P. Boyer, Fontanon ; *secrétaires,* Devin, Jouvinroux, Grenier.

A dater de ce moment, le journal, tout en gardant son titre de *Républicain de la Haute-Loire*, qu'il quitta au coup d'Etat, cessa d'être l'organe de la démocratie brivadoise.

Arthur Mallye d'abord, puis le docteur Andrieux y

publièrent des tartines où les questions de clocher eurent le pas sur la politique, et aux chants patriotiques et républicains de notre ami Émile Redon et de M. de Talayrat (dernière manière), succédèrent les idylles en vers assez bien tournés du jeune Émile Morin, auteur de *Tulidor et Philide*, saynette en prose, que son père Camille a, jusqu'à sa mort, déclaré un chef-d'œuvre, et les poésies légères du sous-préfet Dorville.

Pendant ces jours de fêtes populaires qui marquèrent le réveil de la démocratie et étaient le signal de la marche en avant, il y eut dans notre arrondissement une émeute d'un genre assez étrange ; ce ne fut une tentative ni de jacquerie, bien que les hobereaux et les bourgeois du Puy crurent ou dirent que, des clubs partaient des excitations au pillage et à la dévastation de leurs propriétés, ni un commencement de chouannerie ; ceux qui s'y mêlèrent étaient des paysans aussi républicains que ceux des autres communes. Il s'agissait tout simplement d'une affaire ayant plus de ressemblance avec la querelle du *Lutrin*, mise en vers par Boileau, qu'avec une épisode de guerre civile.

Les habitants du petit village de Tapon, canton de Lavoûte-Chilhac, qui, avant la Révolution de 89, avaient une église où un prêtre disait la messe, crurent que la Révolution de Février devait leur rendre leurs privilèges d'autrefois, ou au moins le droit d'avoir la cloche qui appelait jadis les fidèles à la prière, du haut du clocher que le temps ou les révolutionnaires avaient jeté bas, avec la cloche dont s'était emparé Saint-Ilpize, le chef-lieu de la com-

mune. Ils étaient donc allés s'emparer par un coup
de main, de cette fameuse cloche, au moment où les
habitants du chef-lieu dormaient sur leurs deux
oreilles. Ayant appris le fait, le maire, le conseil municipal, la population de Saint-Ilpize, protestèrent
énergiquement contre ce qu'ils appelaient un vol,
étant en possession de la cloche bénite depuis que
Tapon faisait partie de la paroisse Saint-Ilpize et
n'avait plus d'église.

Des pétitions, des délégations furent envoyées à la
préfecture, à la sous-préfecture, pour la revendiquer.
Leur droit ayant paru constaté, l'autorité ordonna aux
taponais de restituer la cloche ; ceux-ci refusèrent
obstinément. Alors, comme force sous tous les régimes
doit rester au droit basé sur la loi, soutenu par le
pouvoir, il fut décidé qu'ils y seraient contraints de
force, *manu militari*. La garde nationale de Brioude,
ayant à sa tête l'ingénieur Fournier, son commandant
à cette époque, et éclairée par la gendarmerie, se
rendit à marche forcée au village de Tapon, que
l'on disait défendu par des barricades. En traversant
un ravin dominé par de grands rochers, la troupe
civique aperçut sur les hauteurs, les paysans qui
semblaient disposés à les recevoir à coups de pierres
ou de fusils. Néanmoins, tout se borna à une démonstration un peu bruyante, à des protestations assez
vives, et le commandant Fournier entra dans Tapon
sans qu'on lui en eût remis les clefs, par la bonne raison
que le village n'avait pas de porte, après avoir fait
quelques prisonniers, qui furent bientôt relâchés, et
il emporta triomphalement la cloche à Saint-Ilpize, où
la garde nationale fit la grande halte au milieu des

habitants, empressés de leur offrir des rafraichisse-
ments avec le bon vin de la Ribeyre. Saint-Ilpize l'a
depuis gardée pour sonner les baptêmes, mariages et
enterrements.

Les taponais ne se sont jamais consolés de cette
perte, et après avoir, pendant de longues années, mis
en branle à toutes les élections, comme cloche électorale, cette cloche qu'ils demandaient à tous les
candidats de leur faire restituer, ils ont fini par en
acheter une neuve qu'ils ont placé dans le clocher de
l'église rebâtie par eux à grands frais, pour la voir s'y
balancer et l'entendre sonner, le seul jour où un
prêtre vient y dire la messe, celui de la fête patro-
nale.

A Brioude, tout en devant m'occuper spécialement
de républicaniser le pays, je faisais tout ce qui était
en mon pouvoir pour attacher nos populations au
nouvel ordre de choses, par les intérêts comme par
l'enseignement, la propagande. C'est ainsi que je
cherchai à atténuer le mal fait à la République, par
le malencontreux et déplorable impôt des 45 centimes,
si perfidement exploité par la réaction, en leur
apprenant que si cette lourde charge avait été impo-
sée au pays, c'est parce que l'aristocratie, la haute
finance, la haute bourgeoisie, les hommes d'affaires,
avaient fait de l'émigration à l'intérieur, par haine de
la République, en enfouissant dans leurs coffres-forts
ou portant à l'étranger, leur or, leur argent, dont
avaient été ainsi privés le commerce, l'industrie, le
travail, au secours desquels il fallait venir. Je les invi-
tai en même temps à faire de nécessité vertu, comme
les ouvriers de Paris, qui avaient fait crédit à la Ré-

publique de trois mois de misère. Des ordres furent donnés d'ailleurs pour que la perception de l'impôt se fît avec tous les ménagements possibles.

Je fus assez heureux surtout pour être utile au département tout entier d'une manière plus efficace, en faisant diminuer une partie des contributions indirectes qui pesaient sur lui depuis la création des catégories établies par la loi de 1830. Le gouvernement provisoire qui supprimait l'esclavage, la peine de mort, voulut aussi diminuer les impôts qui pesaient plus sur les classes laborieuses que sur les autres. Par un décret du 18 mars 1848, il supprima la perception des droits de circulation et de détail sur les vins, les remplaçant par un droit général de consommation. Le tarif de ce droit varia de 1 fr. 25 à 5 fr. par hectolitre, selon que les départements étaient considérés comme plus ou moins viticoles.

Des catégories furent établies, conformément au tableau annexé à la loi du 12 décembre 1830. D'après cette loi, la Haute-Loire, se trouvant dans la troisième classe de ce nouveau tarif, était dans une condition encore plus défavorable. Je crus l'occasion favorable pour faire élever à la deuxième classe notre département, où la culture de la vigne avait, surtout dans l'arrondissement de Brioude, pris d'assez grands développements. Je fis valoir, par l'intermédiaire de mon ami Bravard, les justes réclamations de nos populations, que j'eus le bonheur de voir accueillir favorablement. Le département de la Haute-Loire fut élevé à la deuxième classe qui payait 1 franc de moins par hectolitre que la troisième, c'est-à-dire 2 fr. 50 de droit de consommation au lieu de 3 fr. 50.

Le droit d'entrée éprouva en outre par ce déclassement une diminution sensible ; l'on payait au Puy 2 francs par hectolitre, on ne paya plus que 1 fr. 50 ; à Brioude, au lieu de 1 franc, on ne paya que 80 centimes. Il est facile de calculer le bénéfice que cette mesure de justice a procuré à notre département pendant les trente-trois ans qu'a subsisté le classement de 1848, qui n'a été modifié par la suppression de la troisième catégorie, que dans ces dernières années.

J'adressai, au nom de mes concitoyens, mes remerciements au commissaire de la Haute-Loire, en ces termes :

« Mon cher Bravard,

« Merci, mille fois merci, de l'heureuse nouvelle que vous me faites parvenir avec un empressement qui y ajoute encore un nouveau prix.

« Grâce à vous, grâce à votre actif et dévoué concours, le département de la Haute-Loire a enfin obtenu justice, a vu accueillir une demande que la monarchie avait toujours repoussée.

« A tous les bons souvenirs que vous laisserez dans la Haute-Loire, vous ajoutez un bienfait inappréciable pour nos pays vinicoles. Vous vous êtes bien vengé d'avoir signé des *rôles* de contributions indirectes.

« Aubière n'a plus le droit de vous pendre en effigie, et moi je regarderai comme un honneur d'avoir été pour quelque chose dans l'exécution d'une mesure qui dégrève notre département et fera boire à nos travailleurs, moins cher que par le passé, le vin qu'ils récoltent pour les autres.

« Amédée ST-FERRÉOL,
« *sous-commissaire.* »

Cette mesure complétée plus tard, ainsi que nous le verrons, par la suppression de l'exercice à l'entrée des vendanges, rendit encore plus facile et régulière la perception de ces droits sur les vins, qui avait à Brioude, comme dans la plus grande partie de l'Auvergne, provoqué tant de plaintes, de colères, occasionné souvent des émeutes. Les cris de : *A bas les rats!* l'accompagnement obligé de toutes les protestations, ne retentirent plus dans nos rues, où ce fut le cri de : *Vive la République* qui domina tous les autres longtemps, et le directeur, à Brioude, des droits réunis, M. Lebreton, ne fut pas obligé, comme celui de 1830, de se sauver par les fenêtres pour échapper à une foule ameutée qui pouvait lui faire un mauvais parti. Il ne lui fut même pas donné un charivari : un petit nombre d'individus isolés avaient, au lendemain de la Révolution, poussé seulement quelques clameurs sans écho devant sa maison.

# CHAPITRE IV

## PÉRIODE ÉLECTORALE

Une des grandes occupations et préoccupations du mois d'avril, fut la préparation aux élections de l'Assemblée constituante qui devait se réunir à Paris, pour donner à la France une constitution républicaine, fonder ainsi la République. C'était la première fois que le suffrage universel allait fonctionner, que le peuple souverain allait exercer sa souveraineté.

Dans la crainte des influences que les grands propriétaires, les censitaires, les nobles, le clergé, devaient avoir dans les communes dont l'éducation politique n'était pas faite et qui avaient l'habitude de se laisser mener par ceux qui, jusque-là, avaient été tout dans l'Etat comme dans la commune, le scrutin de liste par département avait été décrété, et c'était au chef-lieu de canton que les électeurs de toutes les communes devaient venir déposer leur bulletin de vote.

Les partis, pas plus que le gouvernement, n'étaient préparés à cette grande lutte électorale où tous les citoyens français, majeurs et jouissant de leurs droits civils et politiques, allaient prendre part. Il ne pouvait être question alors de candidature officielle ; le gouvernement provisoire n'était pas homogène, on le savait, et par honneur comme par principe, il entendait garder la neutralité la plus absolue.

Les ennemis de la République semblaient être entrés sous terre ; ils ne présentaient aucun candidat; ils étaient seulement à l'affut des candidatures républicaines, pour appuyer celles qui leur paraîtraient devoir se rapprocher le plus de leurs opinions, ou pour donner leurs voix à ceux qui leur promettaient ou leur faisaient espérer une République entourée d'institutions monarchiques en attendant mieux. Tous sous la peau de républicains du lendemain, laissaient voir le bout de l'oreille monarchiste. Les républicains, divisés en parti du *National* et parti de la *Réforme*, c'est-à-dire en modérés et en progressistes, ne pouvaient point faire de listes de fusion et n'avaient pas besoin de cette concentration pour combattre un ennemi qui, pour le moment, n'existait pas. Chaque fraction dressait sa liste à part, y mettait souvent, du reste, des républicains, qui, par leur notoriété, leurs antécédents, étaient revendiqués par les diverses fractions. Les comités électoraux, les réunions électorales n'étaient passablement organisés que dans les grands centres de populations, dans les grandes villes surtout. Chaque candidat lançait de son côté sa profession de foi, son manifeste, envoyés par la poste aux électeurs, dont l'on n'avait pas encore pris l'habitude d'aller quêter à domicile les voix et que l'on ne songeait pas à acheter, à prix d'argent, par des libations de vin, mais que l'on cherchait à éclairer, à convaincre, à rallier à ses candidats par des publications répandues partout.

Pour nous, radicaux, nous fîmes répandre à profusion

dans les campagnes, des feuilles volantes où se trouvaient avec de courtes notices démocratiques, les portraits de Barbès, Raspail, Louis Blanc, Lamennais, Proudhon, Cabet, Félix Pyat, Ledru-Rollin, très populaires alors et derrière lesquels nous marchions.

Jules Maigne et moi, ayant été désignés comme candidats par nos amis de l'arrondissement de Brioude, nous fîmes une courte excursion dans les montagnes. Les chemins de fer et les diligences faisant alors défaut, ce fut dans une vieille patache de la maison, traînée par un vieux cheval, que conduisait notre vieil Antoine qui a resté quarante ans chez nous, que nous fîmes ce voyage qui n'était pas d'agrément.

Nous fûmes bien reçus par les amis intimes que nous avions dans les principales localités ; mais il n'y eut nulle part aucune réunion publique. Ce ne fut qu'au Puy que nous retrouvâmes un peu de cette vie politique, de ce mouvement électoral, qui caractérisent de nos jours les luttes du scrutin.

Un publiciste fantaisiste, Bureau-Rioffrey, qui était un républicain de lendemain et ne tarda pas de redevenir un réactionnaire, y avait ouvert un club où il parlait seul et déblatérait surtout contre les républicains de la veille, Breymand, Chouvy, Jules Maigne et moi. Il était peu applaudi. Le nombre des candidats, présentés par leurs amis politiques ou qui se présentaient eux-mêmes, était assez grand.

A Brioude, c'était le club qui, devenu un véritable comité électoral, avait proposé en première ligne comme candidats, les citoyens Amédée St-Ferréol, Jules Maigne et Edmond de Lafayette. On connaissait

peu les opinions, les antécédents politiques de ce
dernier, car il n'habitait pas la Haute-Loire, étant
venu rarement à Chavagnac, lieu de naissance du
général Lafayette ; mais il avait hérité de la popularité dont avait joui et jouissait toujours son père
Georges qui, avec son frère Octave, était porté
dans Seine-et-Marne. Les républicains de Brioude
étaient d'ailleurs résolus à voter pour les candidats
des arrondissements du Puy et d'Yssingeaux, comme
Breymand, Camille Chouvy, Laurent, avocat, le docteur Charreyre, qui étaient depuis longtemps connus
par leurs opinions républicaines. Arthur Mallye, Auguste Lamothe, Tony Rochette, Senèze, avaient posé
eux-mêmes leurs candidatures.

Les candidats furent appelés à faire connaître leur
programme, dans une réunion privée qui eut lieu au
Puy, à l'hôtel-de-ville Peu d'entre eux s'y rendirent.
Jules Maigne et moi nous développâmes nos doctrines
démocratiques et socialistes, différentes en ce point que
Jules Maigne était alors franchement communiste et
que je ne l'étais ni ne l'ai jamais été. Vinay, tout jeune
alors, qui devint le maire autoritaire de l'empire, le
député ultra-réactionnaire de l'Assemblée rurale de
Versailles, trouva notre socialisme trop tiède, trop
incolore ; il reprocha à Jules Maigne de ne pas déclarer ouvertement qu'il voulait supprimer le droit de
succession. Avond, avocat, neveu de Chauvy (de
Paulhaguet), se contenta de lire une foule de lettres
d'hommes politiques et d'avocats de Paris qui le
recommandaient chaudement au choix des électeurs.
Il nous fit alors l'effet d'un de ces charlatans qui
débitent leur boniment avec accompagnement de

grosse caisse ; nous ne nous étions pas trompés sur son compte. C'était un ambitieux, un intrigant, qui parlait beaucoup pour ne rien dire et qui, avant Guyot-Montpayroux, avait importé dans la Haute-Loire les procédés par lesquels on fait la chasse aux électeurs qu'on ne peut pêcher en eau trouble. Laurent fit une profession de foi de nature à contenter tout le monde.

J'ai oublié quels furent et ce que dirent les autres candidats présents à la réunion.

A la suite de cette réunion, fut arrêtée sans protestations, une liste dont la préfecture donna connaissance aux électeurs par une affiche ainsi rédigée :

### CANDIDATS RÉPUBLICAINS

« L'assemblée des délégués des comités cantonaux républicains de la Haute-Loire a adopté comme candidats à l'Assemblée nationale :

» Les citoyens Breymand, Edmond de Lafayette, Amédée St-Ferréol, Jules Maigne, Félix Grellet, Laurent, Camille Chouvy, Ch. Calemard de Lafayette. »

Les réactionnaires et les modérés qui marchaient déjà ensemble eurent de leur côté différents conciliabules.

A Brioude, tous les notaires, avoués, huissiers, hommes d'affaires de la ville et de l'arrondissement, auxquels s'étaient adjoints des avocats, des magistrats, des fonctionnaires révoqués ou menacés de l'être, et les adversaires les plus influents du parti républicain, eurent une réunion à l'hôtel-de-ville, sous le prétexte de s'entendre sur la question de vénalité de charges, dont la suppression était alors réclamée par la démocratie, ce qu'on a à tort omis d'insérer dans les programmes de nos jours. C'était en réalité pour choisir les candidats qui pouvaient le mieux défendre non-seulement leurs intérêts de corps, de castes, mais aussi leurs opinions rétrogrades. MM. Mandaroux-Vertamy, avocat à la cour de cassation, Arthur Mallye, Avond, furent mis au premier rang.

Le clergé, qui eut un moment la pensée d'aller siéger à côté du tiers-état et de la noblesse, à l'hôtel-de-ville, se mêla aussi plus ou moins ostensiblement à cette lutte des blancs contre les rouges, noms sous lesquels les partis étaient désignés dans les campagnes. Il fut proposé, dans quelques sacristies, d'offrir la candidature à MM. de Montalembert et Reynaud (du Puy). Ceux-ci n'ayant aucune chance de succès, le clergé se réunit aux bourgeois honnêtes et modérés, pour placer ou faire placer sur sa liste Avond, dont un procès en adultère qui lui fut intenté par Roger de Beauvoir devait faire connaître les principes religieux, puis les avocats Laurent (du Puy), Grellet (d'Allègre), et le maire du Puy, Badon, appelé, on ne sait pourquoi, le père du peuple, qui leur semblaient moins à craindre que les radicaux. Il avait mis en première ligne M. Calemard de Lafayette, fils et neveu des Calemard, députés royalistes sous la Restauration, et qui, bien qu'ayant fait une profession de foi d'un républicanisme des plus colorés, ne fut pas jugé digne de figurer sur la liste républicaine.

Un prêtre qui, par suite d'une maladie singulière, devait à son lever pour manger, ouvrir la bouche en même temps que les yeux, entra pourtant directement en lice ; ce fut l'abbé Souligoux, appelé au collège *Courgoule*, ce qui a déterminé probablement sa vocation de prêtre-jardinier, car il s'est livré à la culture du melon et des citrouilles avec une ardeur sénile. Ayant échangé le bréviaire pour le sécateur, sans pourtant quitter sa robe noire pendant le travail, cet abbé avait publié une histoire miraculeuse de saint Julien, patron de la paroisse de Brioude, que sur la foi de Grégoire de Tours, l'église a canonisé, et en même temps qu'il s'occupait de ratisser son jardin, il fouillait les vieux manuscrits et les vieux papiers. Il crut devoir engager, dans un article donné au *Républicain de la Haute-Loire,* les fidèles à ne nommer pour représentants, que des catholiques de la veille et de l'avant-veille, qui promettraient de repousser les lois sur le divorce, ne mettraient pas la *main* entre le rayonnement de la liberté et le regard du catholique *(sic)*, ne voudraient la liberté que pour eux ; ne s'opposeraient pas, avec Emmanuel Arago, le commissaire général du Rhône, à ce que les congrégations non autorisées fussent immédiatement dissoutes, ce qui serait l'atteinte la plus grave portée à la liberté d'association, à la liberté de conscience ; organiseraient une République, dans de telles conditions, que le peuple revendique non plus la liberté comme en Belgique, mais comme en France.

Notre ami Perrein lui répondant, montra que ces mots de liberté juraient dans la bouche de ces prêtres qui en étaient les ennemis implacables, et que les noirs seront toujours les noirs.

Le clergé exerça peu d'influence en 1848 sur les élections dans le département de la Haute-Loire. Il n'en fut pas de même dans plusieurs autres qui envoyèrent des cléricaux et des légitimistes en assez

grand nombre, sous la bannière du sans-culotte Jésus-
Christ, à l'Assemblée constituante.

Le comité électoral de Brioude fut obligé de
compter avec les arrondissements du Puy et d'Yssingeaux qui, par le scrutin de liste ayant le plus grand
nombre d'électeurs, devaient à toutes les époques,
noyer les bulletins de l'arrondissement de Brioude
dans l'urne où tombaient les leurs. Il ajouta à ses
candidats Amédée St-Ferréol et Jules Maigne et à
ceux de la même opinion presentés par les autres
arrondissements : Breymand, Chouvy, avoué, Mosnier,
avoué (du Puy), le docteur Charreyre (d'Yssingeaux),
trois de ceux portés sur la liste dite modérée : MM.
Edmond de Lafayette, Grellet, avocat (d'Allègre),
Laurent, id. (du Puy), qui se trouvaient aussi portés
sur une liste *quasi-officielle*, dans laquelle s'était glissé
en plus le nom de M. Calemard de Lafayette, que
notre commissaire avait pris pour un républicain, sur
l'étiquette de son manifeste électoral.

Les candidats de la liste républicaine modérée
furent MM. Badon (du Puy), Laurent, id., Calemard
de Lafayette, id., Edmond de Lafayette, Mandaroux-
Vertamy (de Brioude), Avond, avocat (de Paulhaguet),
Arthur Mallye (de Brioude), Alexandre de Lagrevol,
avocat (d'Yssingeaux), Charbonnel, id. Jules Chabron (de Monistrol), le frère du général, se présentait aussi comme socialiste. MM. Auguste Lamothe,
le propriétaire des mines de Frugères, qui, sous le
règne de Louis-Philippe, avait couru après la députation sans pouvoir la décrocher, Tony Rochette, le
plus impopulaire des réactionnaires du moment, Senèze, un maire paysan qui n'avait jamais fait con-

naître son opinion politique, mais administrait assez bien sa petite commune d'Agnat, près Brioude, en ne laissant pas son curé diriger les affaires communales, se portaient eux-mêmes.

L'ingénieur Fournier aurait bien voulu se présenter, et cela autant par vanité que par intérêt, voulant avancer rapidement et faire, à ce qu'il me dit, un riche mariage, dût-il enlever et conduire à Paris la fille d'un hobereau du voisinage. Ses confidences autant que ses allures et ses antécédents m'auraient décidé à combattre sa candidature, s'il n'avait pa·, sur mes observations, renoncé à la produire.

En dehors du département, je fus prié par Trélat, l'ancien rédacteur du journal républicain de Clermont, et par mon ancien précepteur Vallat, qui me supposaient une influence que je n'avais pas, de présenter aux électeurs de la Haute-Loire, pour les représenter à l'Assemblée constituante, le premier son fils, le second lui-même. Je répondis à Trélat que son fils n'était pas assez connu dans notre département dont lui-même, en quittant Clermont, s'était éloigné depuis longtemps, pour qu'il eût la moindre chance de succès. J'en dis autant à Vallat, qui, bien qu'ayant collaboré, à ce qu'il me mandait, avec Armand Carrel, au *National,* et était très lié avec Buchez et autres républicains marquants, n'avait pas dans nos pays, où depuis sa jeunesse il n'avait pas résidé, une notoriété assez grande pour être accepté par les générations appelées à voter. Comme il m'écrivait qu'il défendrait à l'Assemblée les principes des Girondins, je dus lui apprendre que ce n'était pas là un titre de recommandation pour les républicains qui comme moi ne jurant alors que par Robespierre, et sur la foi de son ami Buchez précisément, se proclamaient *montagnards*.

Chaque candidat fit de son côté et lança individuellement sa profession de foi. On trouvera ces manifestes dans le *Républicain de la Haute-Loire* de 1848 et mon recueil de documents politiques. Je ne citerai qu'un extrait de celle de M. Calemard de Lafayette, qui devait devenir un des députés de la chambre introuvable de Versailles et le président de tous les comités cléricaux et monarchistes du Velay:

« La République est à nos yeux le salut de la France.

» Les pontifes de la démocratie n'ont pas laissé engloutir dans le merveilleux désastre de la monarchie aucun de ces principes fondamentaux qui sont la conscience du genre humain, la vie du peuple :

» La liberté religieuse, le respect du culte, la propriété, l'affranchissement des âmes par la liberté de l'enseignement, l'émancipation des esprits par la liberté de la presse, d'autres intérêts qui, pour n'avoir reçu que plus récemment la sanction de la victoire, n'en sont pas moins respectables : le droit de vivre en travaillant, le droit des faibles à la sollicitude maternelle et constante de la société tout entière, l'égalité vraie, la fraternité sainte.

» J'accepte donc, je salue la République, pour qui j'ai la ferme conviction que de ses plus belles promesses, elle peut faire des réalités.

» La République faisant vénérer son nom par ses bienfaits, la France faisant aimer sa gloire, ses doctrines par l'exemple contagieux de sa prospérité : voilà ce qu'il faut réaliser, pour qu'après le douloureux enfantement de la liberté du monde, les rois eux-mêmes apprennent et confessent un jour que les tempêtes du peuple sont le souffle de Dieu. Ce jour-là, à coup sûr, il n'y aura plus qu'un seul cri en France, et tous les échos de l'Europe entière rediront après nous : Vive la République ! »

Je crois cependant devoir reproduire ici ma profession de foi, pour montrer que j'ai toujours marché dans la même voie démocratique et sociale où j'irai jusqu'au bout :

### LIBERTÉ, ÉGALITÉ, FRATERNITÉ

« Le peuple de Paris a, sur les barricades, proclamé la République. La France, qui l'a saluée de ses acclamations, est appelée aujourd'hui à l'organiser. Pour organiser la République, il faut des Républicains. Forts de la confiance, des sympathies du peuple, ils peuvent seuls assurer à la nation le développement régulier, pacifique, complet, des institutions républicaines. A eux donc le droit, le devoir, d'ambitionner le glorieux honneur d'aller siéger à l'assemblée nationale parmi les fondateurs de l'ordre nouveau.

» Ce devoir, je l'accepte sans consulter mes forces, prêt à consacrer à la cause du peuple tout ce que j'ai dans le cœur d'énergie, de dévouement, de volonté, et je viens à vous pour vous dire, non pas que je suis républicain, — mes paroles, mes actes, ma vie entière, répondent pour moi, — mais comment je suis républicain.

» Pour le parti républicain, auquel je suis fier d'appartenir, la République, gouvernement par et pour le peuple, c'est la manifestation de ce symbôle sacré, gravé par nos pères sur le drapeau de l'avenir : *Liberté, Égalité, Fraternité.*

» La liberté, ce n'est ni la licence ni l'anarchie : ce n'est pas le droit de tout faire. La liberté, c'est le pouvoir qui appartient à l'homme d'exercer à son gré toutes ses facultés. Elle a la justice pour règle, les droits d'autrui pour bornes, la nature pour principe, la loi pour sauvegarde. L'égalité, ce n'est pas le communisme, le partage des biens, le nivellement des intelligences, l'abolition de la famille, de la patrie, de la propriété : c'est l'égalité des hommes devant la loi, l'égalité des fonctions dans l'œuvre commune ; c'est le droit pour chacun de vivre en travaillant, le devoir pour tous d'assurer à chacun une patrie, une famille, une propriété ; c'est la justice organisée, la solidarité humaine consacrée. La fraternité, c'est le principe de paix, d'association, d'amour, substitué partout, entre les peuples, les citoyens, les hommes, au principe de guerre, de division, d'antagonisme ; c'est la fin de tout esclavage, de toute exploitation de l'homme par l'homme ; c'est la réalisation sur la terre de cette parole de l'évangile : *Nous sommes tous frères.*

» Respecter, faire respecter *l'égalité, la fraternité, la liberté :* voilà le résumé des droits et des devoirs de l'homme et du citoyen. Les consacrer, les réaliser, c'est le but de la loi. La loi, expression libre, scientifique, religieuse, de la volonté du peuple, doit être égale pour tous, acceptée par tous. Mais aux minorités, à chacun, à tous, le droit de préparer, de hâter par l'enseignement, par la presse, par la propagande pacifique de l'idée, l'évolution progressive à travers l'humanité des nations vers Dieu. Comme garanties de ce droit, à notre époque : liberté de conscience, liberté des cultes, liberté d'association, liberté de la presse, liberté individuelle.

» A tous les citoyens, le droit de suffrage ; à tous,

une éducation nationale ; au peuple, la souveraineté ;
à ses représentants le soin d'assurer son bonheur ; à
eux aussi le pouvoir de voter l'impôt, mais un impôt
modéré, justement réparti, utilement employé, frap-
pant la fortune et non le travail et le besoin, assis de
manière à ne point mettre, comme le timbre, d'en-
traves à la pensée, à ne point faire, comme les
octrois, l'impôt sur le sel, enchérir les objets de première nécessité, à ne point entraîner dans sa perception, comme les taxes sur les boissons, l'arbitraire,
les vexations, la violence.

» Voilà, citoyens, la République, voilà les principes que j'invoquerais, que je défendrais, à l'assemblée nationale, si j'avais l'honneur d'y être envoyé
comme votre représentant, profondément convaincu
qu'ils peuvent seuls rendre libre, heureuse, grande
entre toutes, notre patrie, et unir dans une même foi,
dans un même amour, ses enfants, qui tous alors
crieront avec nous du fond du cœur : Vive la République ! Vive la France !

» Salut et fraternité.

» Amédée St-Ferréol. »

Jules Maigne, après avoir exposé en très bons
termes son programme radical, crut devoir ajouter le
post-scriptum suivant :

« Dans un intérêt qu'il est facile de concevoir, on
» affecte de craindre que si je suis envoyé à l'assem-
» blée nationale, je n'y propose la communauté de
» biens. Je réponds, en maintenant d'ailleurs la
» liberté de mes convictions sur l'idéal communiste,
» que non-seulement je n'y ferai point une pareille
» proposition, mais que je l'y combattrais énergique-
» ment.

« Enfin, quelques personnes m'ayant demandé mon
« opinion sur la vénalité des charges, j'ai déclaré que
« je voterai l'abolition, mais avec une juste indem-
« nité. »

Nous pensions généralement, dans le parti républicain, que le besoin de cette profession de foi communiste, même mitigée, ne se faisait pas sentir. Nous
pressentions même qu'elle servirait d'armes à nos
adversaires pour combattre les candidats radicaux,
rendus solidaires de doctrines qui, alors, pour les
paysans et les propriétaires, signifiaient, bien que ce
fût absurde, le *partage des terres.*

Malgré nos observations, Jules Maigne, qui a toujours tenu avec une ténacité sans pareille à ses idées,
autant par conviction que par parti-pris, ne voulut
pas avoir l'air de renier son idéal, s'imaginant que
l'engagement pris par lui de ne pas chercher à le
réaliser suffirait pour repousser toutes les accusations
auxquelles cette déclaration pouvait nous exposer.

Les faits nous donnèrent malheureusement raison.
Ce fut comme *partageux* que, dans les arrondissements du Puy et d'Yssingeaux, dans nos cantons
mêmes, les candidats de la liste radicale furent
combattus avec passion et aussi avec succès. A
Brioude même, Langlade, l'avoué aux doigts crochus,
les Rochette, les Mallye, nous dénoncèrent à l'indignation, à la colère des paysans, comme voulant
leur prendre une partie de leur petit champ, pendant
que le maire Senèze nous signalait comme des carlistes.

La liste des candidats publiée, nous nous rendîmes
de nouveau, Jules Maigne et moi, au Puy, où nous

développâmes, dans une réunion publique assez nombreuse, notre programme, et fûmes acclamés par nos amis du Puy et d'Yssingeaux.

A Brioude, les membres du club, nos braves paysans et ouvriers, se mirent en campagne, les jours qui précédèrent l'élection, pour faire de la propagande dans les communes de nos cantons où l'on savait que dominaient toujours les prêtres et les nobles.

Enfin arriva le jour où, pour la première fois, le peuple allait exercer son droit de souveraineté, le bulletin de vote à la main. C'était le 23 avril, jour de Pâques. Le temps était beau. Aussi, malgré les distances, les électeurs des communes vinrent en masse dans les chefs-lieux de canton, jaloux de remplir leurs droits et leurs devoirs de citoyens, bien qu'ils ne comprissent pas encore toute l'importance de l'arme que la République venait de leur donner.

C'étaient de véritables processions qui arrivaient des villages voisins, mais avec des drapeaux tricolores en place de bannières religieuses. Elles avaient à leur tête le maire et le curé, qui, pour empêcher les paysans des campagnes d'être éclairés, gagnés, républicanisés par les ouvriers et les cultivateurs, plus instruits, de la ville ou du bourg dans lesquels était ouvert le scrutin, les conduisaient sur deux files au son du tambour, quand ils en avaient un.

Malgré ces précautions, accompagnées de quelques gracieusetés comme le payement du passage des ponts, nos paysans furent au devant de leurs voisins, de leurs compagnons de travail, pénétrant, pour distribuer des bulletins, dans les rangs, qui, au chef-lieu, se rompirent malgré les efforts, les exhortations, les menaces mêmes de ceux qui se croyaient être les pasteurs d'un troupeau. Nos campagnards, mettant comme nos paysans leur bulletin sur leur chapeau, votèrent en grande majorité pour les rouges, les *montagnards*.

Peu s'en fallut qu'une lutte ne s'engageât, entre les républicains et les réactionnaires qui voyaient leur échapper les électeurs sur lesquels ils comptaient le plus.

Les clubistes avaient établi dans la cour du collège, où était la salle des élections, des tables, sur lesquelles étaient déposés des bulletins portant les noms des candidats républicains. Ses commissaires, portant au bras le brassard rouge, présentaient ces bulletins, comme cela se faisait et s'est toujours fait partout, aux électeurs qui se rendaient dans la salle du vote, sans les forcer, bien entendu, à les prendre.

M. Mallye père, président du tribunal civil, d'un caractère violent, et supportant mal toute opposition à ses volontés, à ses opinions, eut l'audace de protester hautement, dans la salle même du vote d'abord, dans la cour ensuite, contre l'organisation de ces bureaux, où il prétendait que l'on se permettait de substituer, aux bulletins des candidats de sa liste, des bulletins portant les noms des candidats républicains. Alors, les cris de : A bas Mallye ! étant partis, M. Mallye répondit : Venez l'abattre ; ajoutant : « Les » gens de Brioude m'en veulent ; mais s'il m'en » tombe quelques-uns sous la main, qu'ils prennent » garde à eux. » Alors l'indignation fut à son comble, et sans Jules Maigne et moi, qui parvînmes à rétablir le calme, à apaiser les esprits. M. Mallye aurait pu passer un mauvais quart d'heure.

M. Mallye démentit les propos qu'on lui prêtait, disant que ce n'était qu'une nouvelle infamie ajoutée à toutes celles qui se répandaient dans les rues contre lui.

Jules Maigne et moi nous répliquâmes par des lettres que nous fîmes imprimer et distribuer. Voici un extrait de la mienne expliquant plus en détail les faits qui s'étaient passés :

« Il n'y a de fausses, de calomnieuses, que vos assertions. Vous dites que vous n'avez pas répondu aux cris de : *A bas Mallye,* par ces paroles : *Venez l'abattre ;* que vous n'avez prononcé aucune parole que vous ne pussiez honorablement avouer ou répéter, cela est faux ! Vous avez, dans la cour du collège, proféré les paroles de provocation, de menaces, que je vous ai rappelées. — Un grand nombre de citoyens honorables les ont entendues, vos dénégations ne prouvent rien. — Président d'un tribunal, vous aurez souvent, sur de moins nombreux témoignages, à prononcer des condamnations sévères. — Que l'on interprète vos paroles comme l'on voudra, peu m'importe à cette heure. A vous toute la responsabilité.

» Vous dites que les citoyens qui occupaient les bureaux de vérification, placés aux abords de la salle d'élection, *s'attribuaient* le droit de vérifier les bulletins, et se permettaient d'en *substituer à ceux qui ne portaient pas les noms* des candidats adoptés par le parti démocratique. Cela est faux ! Les citoyens placés aux bureaux, sous les regards de la population, n'exerçaient et ne pouvaient exercer aucune intimidation, aucune violence. Membres de la société populaire que je préside, — non point en qualité de Sous-Commissaire, comme vous cherchez à le faire entendre, mais en vertu de l'élection, — ils connaissent trop bien leurs droits et leurs devoirs, ils aiment trop la liberté, pour imiter les exemples de ceux qui n'ont jamais connu d'autre culte que le culte de l'intérêt personnel. Les électeurs de tous les partis circulaient librement dans la vaste cour où étaient six bureaux, près desquels étaient assis deux citoyens connus par leur républicanisme, allaient porter leurs suffrages dans la salle d'élection où, seuls, avec leur maire, leur curé, ils déposaient les bulletins dans l'urne gardée par un bureau dont vous ne soupçonnez pas sans doute l'opinion ou la loyauté. Voilà comment nous avons fait de l'intimidation. Oui ! des bulletins imprimés ou écrits étaient distribués à ceux qui venaient en prendre ! Oui ! les patriotes vérifiaient les billets des électeurs qui, ne sachant pas lire, avaient reçu leurs bulletins par la grille du confessionnal ou par la main de vos affidés, et qui, suspectant la bonne foi de leurs ennemis naturels, venaient demander à leurs frères les travailleurs, à leurs coreligionnaires politiques, si les noms des candidats du peuple étaient bien sur leurs bulletins. Oui encore ! nos braves ouvriers, nos braves prolétaires se mêlaient, pour fraterniser, à ces populations des communes que quelques-uns de leurs maires essayaient, au mépris des principes républicains, de parquer, d'isoler, de préserver du contact patriotique des masses populaires. Oui, tout cela nous l'avouons hautement, sans rougir — car nous l'avons fait loyalement, au grand jour ; — nous avions pour nous le droit, la vérité, et c'était par la persuasion, la propagande des sentiments, des principes républicains, l'enseignement de la parole égalitaire, que nous triomphions des sourdes intrigues et des menées souterraines.

« D'ailleurs, monsieur, ce n'était pas nous qui avions besoin de recourir à des manœuvres d'intimidation ou de corruption que nous trouverions, au besoin, dans les bagages de l'opposition dynastique, aussi bien que dans ceux des pritchardistes et des satisfaits.

» Lorsque les communes tout entières, avec leurs drapeaux tricolores en tête, venaient, passant dédaigneusement devant vos fonctions, devant vos richesses, saluer de leurs acclamations les candidats républicains, signalés par vous ou les vôtres, dans tous les cantons de la Haute-Loire, comme des *communistes,* des terroristes, des ambitieux, des hommes sans garantie, parce qu'ils n'avaient pas votre fortune, ce n'était pas nous qui avions à mendier des suffrages. Le peuple était avec nous, et nous sommes fiers, glorieux d'un triomphe que la ligue de toutes les ambitions mécontentes, de toutes les haines contre-révolutionnaires, n'a pas empêché d'être dans notre arrondissement, pur, éclatant, décisif, d'être l'expression réelle, sincère des vœux du peuple.

» Vous dites, dans une intention facile à comprendre, que vous nous avez trouvés, Jules Maigne et moi, dans la salle des élections ; cela est faux ! Nous vous y avons suivi avec la foule, indignée de voir un fonctionnaire en écharpe venir faire lever la consigne pour vous seul.

» Vous dites que vous avez protesté, au nom de la légalité, contre l'établissement de bureaux dans la cour du collège ; *que vous vous êtes placé* sous la sauvegarde de la loi, sous la protection du président. Vous auriez dû ajouter que le bureau électoral avait reconnu par une délibération motivée, la légalité de ces dispositions que chacun pouvait d'ailleurs prendre à son gré. Vous auriez dû ajouter que vos accusations violentes contre la *substitution,* selon vous, *forcée* de bulletins, avaient été immédiatement repoussées avec le calme du dédain, par le citoyen Jules Maigne, comme fausses et calomnieuses, qu'elles avaient été couvertes par les huées, les murmures d'indignation, les cris de *à bas, à la porte, Mallye,* de la foule irritée qui, sans l'intervention des deux candidats républicains, vous auriez dû ne pas l'oublier peut-être, allait vous rappeler d'une manière énergique à l'ordre que vous troubliez, à la vérité, que vous outragiez.

» Amédée St-Ferréol. »

MM. Mallye et Tony Rochette nous adressèrent des lettres dans lesquelles ils accusèrent les élections du canton de Brioude d'avoir été le résultat de l'intimidation et de la violence.

RÉPONSE A LA LETTRE DE M. TONY ROCHETTE

Publiée par M. Mallye

*A MM. Mallye et T. Rochette,*

« Quand on écrit que les élections du canton de Brioude sont le résultat de l'intimidation et de la violence, *on ment !*

» Nous n'acceptons pas le jugement de nos ennemis politiques ; mais, si les lettres de MM. Mallye et Rochette sont autre chose qu'un de ces jugements, si elles sont une provocation, nous l'acceptons et nous sommes prêts à y répondre, toujours comme parti politique. Nous la relèverons trois contre trois, dix contre dix, ou en tel nombre égal que l'on voudra. — Nous attendons votre réponse dans les 24 heures.

» *Les candidats et les vérificateurs,*

Jules Maigne, Amédée St-Ferréol, Jean Faugère, Sou-

Ligoux, ancien greffier, Bayle, Garanty, Boyer, délégué, Gay, Villa aîné, Bardolet, B. Tabouret, Beraud, F. Gresse, P. Boyer, Mazoyer, Tabouret, Manneval, Lorge, Delair aîné, Perrein fils, Barthomeuf, Paul Grenier, Francolon, Ernest St-Ferréol, Deshors, Villa, Faugère, J. Paul fils. »

---

### RÉPONSE DE M. TONY ROCHETTE

*A MM. les candidats et vérificateurs,*

« Tout citoyen a le droit de caractériser les actes politiques. J'en ai usé seul, hors de tout parti, comme il m'a plu, et en userai tant qu'il me plaira.

» Je maintiens tout ce que j'ai écrit. Vous n'acceptez pas mon jugement, je repousse votre démenti. Le pays jugera.

« Tony ROCHETTE. »

### RÉPONSE DU CITOYEN MALLYE

« Citoyens,

» J'ai pris communication de la lettre collective, que vous avez adressée au citoyen Tony Rochette, dans laquelle je suis nominalement désigné.

» Voici ma réponse :

» Lorsque dans le sein du collège électoral, j'ai protesté contre certaines manœuvres ou dispositions qui, dans mon opinion, constituaient autant d'illégalités ou d'atteintes à la liberté des suffrages, j'ai usé d'un droit que la loi m'attribuait, non dans l'intérêt d'un parti, mais dans l'intérêt de tous, vous repoussez ma protestation, je repousse à mon tour votre juge-

ment ; en cela nous usons respectivement d'une liberté que j'ai pour principe de respecter chez les
autres, et dont je ne me laisserai jamais dépouiller,
ni par voie d'intimidation, ni par voie de menaces ;
je persiste donc dans tout ce que j'ai dit ou écrit,
l'opinion publique prononcera.

» Quant aux moyens violents que vous proposez
comme solution, vous me permettrez de les repousser
de toutes mes forces ; les admettre serait à mes yeux
plus qu'une folie, ce serait un crime ; d'autant que si
en politique j'admets des adversaires, je ne connais
point d'ennemis ; je vous avouerai d'ailleurs que je
n'ai point de soldats à vous opposer, je n'ai d'autres
armes que celle de la raison et de la justice.

» MALLYE, père.

» Brioude, 29 avril 1848. »

———

» Nous répondons à nos adversaires politiques :
Nous voulons pour tous la liberté des suffrages et de
discussion. Quant à la liberté de calomnie, nous ne
l'admettrons point, et nous la repousserons par tous
les moyens qui sont en notre pouvoir. Aujourd'hui
nous ne lui opposons que le mépris. Cette polémique
ne pouvant plus être à l'avenir qu'un acte sans di-
gnité et sans virilité, nous la terminons là, et laissons
au public le soin de décider d'où sont venues les provocations et de quel côté est le droit.

» J. MAIGNE, A. ST-FERRÉOL. »

———

Les conséquences du conflit qui s'était engagé entre les réactionnaires et les républicains pouvaient être graves, ayant passé à l'état aigu, d'une manière insolite même. Si nous avons rendu compte en détail de cet épisode extra-électoral, c'est pour montrer à quel degré d'irritation en étaient arrivés les uns contre les autres, ceux qui, quelques jours avant, fraternisaient dans nos fêtes républicaines.

Le scrutin dépouillé au chef-lieu du département donna les résultats suivants : MM. Badon, 35,853 ; Grellet, 35,348 ; Edmond de Lafayette, 35,365 ; Laurent, 28,206 ; Breymand, 25,221 ; Avond, 24,249 ; Charbonnel, 21,805 ; de Lagrevol, 21,359, élus ; le docteur Charreyre, 16,608 ; Mandaroux-Vertamy, 16,096 ; Amédée St-Ferréol, 15,347 ; Calemard de Lafayette, 13,195 ; Arthur Mallye, 10,685 ; Jules Maigne, 10,264 ; Chouvy, 9,656 ; Monnier, 6,160 ; Auguste Lamothe, 4,666.

Dans l'arrondissement de Brioude, avaient obtenu : MM. Edmond de Lafayette, 16,436 voix ; Amédée St-Ferréol, 11,909, Breymand, 9,676 ; Laurent, 9,081 ; Grellet, 8,979 ; Jules Maigne, 8,104 ; Badon, 7,000 ; Arthur Mallye, 6,906 ; Avond, 5,525 ; Auguste Lamothe, 4,388 ; Charbonnel, 3,012 ; de Lagrevol, 2,630 ; Mandaroux-Vertamy, 1,706 ; Calemard de Lafayette, 1,596 ; Chouvy, 1,596 ; Monnier, 1,580 ; Senèze, 1,000.

Dans le canton seul de Brioude, MM. Edmond de Lafayette, 3,131 ; Amédée St-Ferréol, 3,131 ; Jules Maigne, 2,818 ; Breymand, 1,673 ; Arthur Mallye, 1,015 ; Badon, 764 ; Laurent, 641 ; Grellet, 606 ; Charbonnel, 469 ; Aug. Lamothe, 464 ; de Lagrevol, 380 ; Mandaroux-Vertamy, 347 ; Avond, 340 ; docteur

Charreyre, 155 ; Tony Rochette, 126 ; Chouvy, 89 ;
Calemard de Lafayette, 48 ; Monnier, 19.

Un seul candidat de la liste radicale avait été élu,
grâce à l'appoint qui lui fut donné par les républicains
de l'arrondissement de Brioude, ce fut Breymand,
combattant de Juillet, qui fut siéger sur les bancs de
l'Extrême-Gauche bientôt appelée la *Montagne*. Trois
des candidats portés sur les deux listes républicaines,
MM. Edmond de Lafayette, Laurent et Grellet, sortirent à une grande majorité, les premiers, après M.
Badon, le maire du Puy, qui n'étant mal avec personne,
n'ayant aucune opinion connue, obtint des suffrages
de tous les partis, dans les arrondissements du Puy et
d'Yssingeaux surtout. M. Charbonnel représentait
le socialisme théorique, indéterminé, que donne
l'amour des travailleurs dont il connaissait les besoins,
voulait défendre les intérêts. Le jeune Calemard de
Lafayette, quoique s'étant vu présenter sur deux
listes, resta sur le carreau.

Les députés de la Haute-Loire se perdirent bientôt
dans les rangs du parti républicain modéré qui devint
le Cavaignaquisme après les sanglantes journées de
juin, et fut assez impopulaire, assez imprévoyant,
pour ouvrir le chemin de l'empire à Louis Napoléon,
d'abord en le laissant arriver à la présidence de la
République par le suffrage universel, ensuite en se
laissant mettre à la porte de la Constituante, par ce
qu'on a appelé un coup de *rateau*, du nom du représentant qui fit adopter la dissolution.

Les représentants du Puy-de-Dôme étaient les citoyens Altaroche, Jouvet, Charras, Baudet-Lafarge,
Trélat, Lavigne, Toussaint Bravard, Girot-Pouzols,

Jusseraud, Combarel, Lastayras, Bravard, professeur,
Gontay, Rouher, Astaix.

Ceux du Cantal : de Parieu, Delzons, Murat-Sis-
trières, Daude, Teilhard-Lateyrisse, Durieu, Richard.

Toussaint Bravard et Lasteyras devaient voter avec
la Montagne ; Rouher et de Parieu, bien qu'ardents
révolutionnaires aux journées de Février, ne tardèrent
pas à passer du côté du soleil levant, Louis Napoléon,
dont ils furent plus tard les ministres. Les autres,
appartenant à la fraction républicaine du *National*
ou aux modérés du centre gauche, sinon du centre
droit, concourrurent, par peur de la démocratie, pour
maintenir l'ordre public, à des mesures réactionnaires
dont les partis royalistes et bonapartistes devaient
seuls tirer parti.

Toussaint Bravard resta quelque temps encore
après les élections, au Puy, où il s'était très bien ac-
climaté, ne s'étant pas fait d'ennemis trop ardents. Il
dut enfin aller occuper son siège à l'assemblée nationale et fut remplacé par M. Richard. Ce fonctionnaire, envoyé au Puy comme préfet, cette dénomina-
tion ayant été substituée à celle de commissaire,
allait, pendant le peu de temps qu'il resta en fonction,
faire du juste milieu, entre les réactionnaires qui,
après la journée du 15 mai, avaient déjà mis en minorité les républicains du *National*, et les républicains
démocrates ou socialistes, dont les chefs, Barbès,
Raspail, Blanqui, Cabet, Louis Blanc, avaient été
décrétés d'accusation ou compromis par l'envahissement du Palais Bourbon, suivi, comme on sait, de la
proclamation, à l'hôtel-de-ville, d'un gouvernement
révolutionnaire. Avant cette époque, deux grandes

manifestations avaient eu lieu à Paris. Ce furent, le 17 mars, celles des corporations ouvrières qui auraient investi de la dictature, s'il l'avait voulu, Louis Blanc, que la majorité du gouvernement provisoire avait relégué au palais du Luxembourg, où il avait organisé la commission permanente du gouvernement pour les travailleurs ; puis, le 16 avril, celle des bonnets à poils, qui, au contraire, était dirigée non seulement contre Louis Blanc et les socialistes, mais encore contre Ledru-Rollin et les républicains de son opinion.

Au 16 mai, une délégation des clubs et associations ouvrières, qui allait porter à l'Assemblée nationale une pétition en faveur de la Pologne, s'étant vu refuser l'entrée du palais Bourbon, la foule s'ameuta, et malgré l'opposition de ses chefs naturels, brisa les grilles et les portes du palais, pénétra dans la salle des séances, prononça la dissolution de l'assemblée, et à la suite des blanquistes, entraîna à l'hôtel-de-ville, Barbès, alors président d'un des clubs qui avaient décidé de faire simplement une manifestation pacifique.

Arrêtés ou poursuivis, Barbès, Blanqui, Sobrier, furent traduits devant la haute cour de Bourges et condamnés à la transportation dans une enceinte fortifiée ; Raspail, qui n'était pas allé à l'hôtel-de-ville mais avait lu simplement la pétition à la tribune, fut condamné à cinq ans de détention ; Louis Blanc, qui avait failli être assassiné dans la journée par des gardes nationaux furieux de modération, fut accusé d'avoir été à l'hôtel-de-ville, ce qui était faux. Mais la majorité de l'assemblée refusa d'autoriser les poursuites demandées contre lui par MM. Portalis et Landrin (du *National*). Ce ne fut qu'après les journées de juin, que, sur le réquisitoire de Trélat, ministre des travaux publics, il fut décrété d'accusation pour des faits du même genre, mais put échapper aux suites de la condamnation en se réfugiant à l'étranger.

Cinq jours avant cette fatale journée, le 10 mai, l'assemblée nationale avait failli éliminer du gouvernement Ledru-Rollin, qui ne dut d'être conservé dans la commission exécutive élue en remplacement du gouvernement provisoire, qu'aux protestations de Lamartine, déclarant qu'il refuserait d'en faire partie si Ledru-Rollin en était exclu. Le scrutin donna le résultat suivant : votants, 734 : MM. François Arago, 725 voix, Garnier Pagès, 715, Marie, 702, Lamartine, 643, Ledru-Rollin, 358.

Les ministres furent : affaires étrangères, Bastid, sous-secrétaire d'Etat, Jules Favre; intérieur, Recurt; justice, Crémieux; instruction publique, Carnot; sous-secrétaire d'Etat, Jean Reynaud; guerre, Charras; marine, vice-amiral Casy; agriculture et commerce, Flocon; finances, Duclerc; culte, Bethmont; travaux publics, Trélat.

L'élément socialiste était complètement supprimé; le parti radical n'était représenté que par Ledru-Rollin et Flocon. Tous les membres de la commission et du ministère étaient d'ailleurs républicains.

# CHAPITRE V

## RÉACTION MONARCHISTE

Dans les départements, le contre-coup de ces évènements s'était fait ressentir ; on pouvait s'y attendre. Là, c'était la réaction et non plus une des fractions du parti républicain qui en avait surtout bénéficié. Les républicains honnêtes et modérés, qui profitaient de l'occasion pour se débarrasser des socialistes et des républicains dont les sympathies pour les vaincus n'étaient pas douteuses, alors même qu'ils ne se fussent pas associés à tous leurs actes, furent débordés par ceux qui allaient bientôt sauter pour Louis Napoléon, ou travailler à une restauration orléaniste.

A Brioude, n'étant ni les plus nombreux ni les plus forts, les contre-révolutionnaires restèrent dans les coulisses et laissèrent aux républicains de la forme et pour la forme, à combattre, à sous-jamber les véritables républicains. Tout devint prétexte pour battre en brèche, empêcher de fonctionner, faire révoquer les représentants du gouvernement républicain.

Ne pouvant plus s'entendre ou marcher avec ces derniers, MM. Talayrat, maire, Arthur Mallye et Vernière, adjoints, donnèrent leur démission. Le commissaire Toussaint Bravard, par un arrêté du 11 mai, les remplaça par une administration provisoire composée de M. Joseph Thomas, président, Jules Maigne et Jean Faugère. Un premier dissentiment s'éleva entre cette administration et le conseil municipal nommé avant la Révolution de Février, à l'occasion de la confection des listes électorales à faire pour les élections de la garde nationale.

Voulant rendre la charge moins lourde aux travailleurs, hors le cas de nécessité, la commission de recensement avait éliminé un certain nombre de citoyens à cause de leur position de fortune ou de leur âge. Elle fut accusée par les conseillers réactionnaires, invoquant l'égalité démocratique, d'avoir voulu faire une garde bourgeoise, ce qui était loin de sa pensée. Après une protestation de M. Joseph Thomas, d'autant moins suspect aux yeux des conservateurs qu'il pactisait déjà avec eux en attendant qu'il passât ouvertement à l'ennemi, le conseil municipal décida que tous les citoyens seraient sans distinction inscrits sur les listes.

Les six jours suivants, la garde nationale fut organisée sur les bases légales. Les omissions volontaires faites par l'ancienne commission de recensement furent réparées. Le nombre de gardes nationaux fut de 850.

A l'occasion des événements du 15 mai, plusieurs membres, dans la séance du conseil municipal du 23 mai, proposèrent d'envoyer à l'assemblée nationale une adresse d'adhésion à la conduite des représentants du peuple et de la garde nationale de Paris, *qui ont si courageusement maintenu* les droits de l'assemblée nationale lors de l'envahissement de cette assemblée.

Jules Maigne, président, refusa de laisser mettre aux voix cette proposition, contraire au texte de la loi sur les conseils municipaux, défendant aux assemblées communales toute manifestation politique. Il ajouta qu'il n'envisageait pas la manifestation dont il est question comme l'ont fait les journaux.

A la suite des protestations de MM. Tony Rochette et autres, déclarant que l'adresse doit être votée, qu'il y ait ou non violation de la loi, l'adresse fut votée en principe. Jules Maigne s'éleva contre ce vote, disant que l'adresse pouvait être envoyée comme acte de sympathie de quelques citoyens, et non comme le résultat d'une délibération. Un membre protesta à son tour contre cette interprétation et demanda l'insertion de l'adresse au procès-verbal.

L'insertion ne fut pas faite, mais les réactionnaires du conseil municipal envoyèrent cette adresse à l'Assemblée nationale :

« *Aux citoyens, membres de l'Assemblée nationale.*

« Les soussignés, membres du conseil municipal de la ville de Brioude, département de la Haute-Loire.

« Citoyens représentants,

« Le plus grand des crimes, aux yeux des peuples libres, celui de lèze-nation, a été naguère commis par une faction anarchique. Le temple de la souveraineté nationale a été indignement profané. Devant cet attentat, citoyens, vous avez été ce que vous deviez être, calmes et courageux, dignes, en un mot, de la grande nation. Honneur à vous ! Car, en résistant à la violence, vous avez fixé les destinées de la France un moment compromises par une tentative insensée ; vous avez fixé le gouvernement républicain sur sa base essentielle et principale, l'ordre public, sans lequel il ne saurait exister. Honneur à vous ! Honneur aussi et reconnaissance aux braves gardes nationales sédentaires, aux mobiles de Paris et de la banlieue.

« Par leur union et leur noble conduite dans la mémorable journée du 15, elles ont prouvé que désormais l'ordre et la liberté trouveraient en elles une sauvegarde invincible. Courage donc, citoyens, persévérez dans les généreux et patriotiques sentiments qui ont présidé à l'inauguration de vos travaux, et, protégés par la France entière qui veille sur vous, cette France qui ne veut ni de réaction ni d'anarchie, vous assurerez avec l'avenir de notre jeune République, le repos et le bonheur de la patrie.

« Recevez, citoyens, avec l'expression de nos bien sincères félicitations, l'hommage de notre fraternel et inaltérable dévouement.

Arthur MALLYE, TALAYRAC, GAUTHIER, Joseph THOMAS, Tony ROCHETTE, VERNIÈRE, BESSEYRE, ESPEYRAT, Paul MAIGNE, CHANSON, BAGES, COUGUET père, ROU-MILHAC, FOUILHET, BELMONT. »

« Je soussigné, commandant de la garde nationale, déclare donner toute mon adhésion à l'adresse ci-dessus.

« FOURNIER, *ingénieur.* »

M. Alfred Grenier, qui n'assistait pas à la séance, revendiqua quelques jours après l'honneur d'ajouter son nom à cette adresse.

Tous ces républicains de parade qui assuraient l'assemblée nationale de leur inaltérable dévouement au gouvernement de la République et à la République, sont devenus les plats valets de l'empire.

Cette proclamation, lue au club, souleva de vives

protestations. Malzieux, le forgeron qui était toujours coiffé de son bonnet rouge, la déchira et brûla sur la place publique. Mais c'était hors séance et comme simples particuliers que les conseillers municipaux l'avaient signée et publiée. Je n'avais donc pas, comme sous-commissaire, le droit, le pouvoir, de la déférer à l'autorité supérieure comme entachée d'illégalité.

Cette première manifestation quasi officielle de nos réactionnaires, faite à l'occasion d'évènements dont on ne pouvait rendre responsables les républicains avancés, bien que quelques-uns de ses chefs les plus populaires y eussent été mêlés par la pression des masses, acheva de creuser un abîme entre la bourgeoisie et la démocratie de Brioude. Les bourgeois se croyant et se disant menacés par ceux qu'ils appelaient les démagogues, les jacobins, s'étaient armés et demandaient une garnison. Les républicains prévoyant bien que c'était pour les mettre hors de la République ou au moins hors de l'hôtel-de-ville, que leurs adversaires cherchaient les moyens de prendre l'offensive, se mirent sur leur garde. Ils durent prendre les mesures nécessaires pour ne pas laisser tomber la poudrière de Brioude aux mains des enragés de modération, alors que marchaient sur Paris les gardes nationales des villes voisines, Clermont, Issoire, Riom, Saint-Flour, Murat, Allanche, Aurillac, fanatisées par les journaux de la réaction qui dénonçaient comme des pillards, des assassins, des incendiaires, les ouvriers des faubourgs St-Antoine et Marceau, qui, laissés sans travail, sans pain, sur le pavé, s'étaient levés pour conquérir le droit de vivre en travaillant.

Ceci se passait pendant ces sanglantes journées
de juin, que les royalistes de l'assemblée nationale,
Falloux en tête, provoquèrent, en fermant brusquement les ateliers nationaux, dont la création était
attribuée à Louis Blanc, bien que ce fût contre lui,
contre la commission du travail siégeant au palais
du Luxembourg, que les hommes du *National* avaient
ainsi entassé des ouvriers de tous les états, dans des
chantiers où on leur donnait l'aumône plutôt que du
travail.

Jules Maigne, fatigué de l'opposition taquine, mes-
quine, que lui faisait le conseil municipal, était parti
pour Paris, où, heureusement pour lui, il n'arriva
qu'après que l'insurrection des meurt-de-faim fut
noyée dans le sang. Ce fut Jean Faugère qui eut à
supporter seul le poids de l'administration, les désa-
gréments de la lutte. On jugera, par le procès-verbal
d'une des séances du conseil, rédigé par le secrétaire
Tony Rochette, combien l'irritation était grande
alors des deux côtés. A cette séance étaient présents:
Jean Faugère, Couguet, Fouillet, Thomas, Vernière,
Esbrayat, Belmont, Besseyre, Chambe, Julien Lamothe, Paul Maigne, Talayrat, Tony Rochette, (dont
deux républicains : Jean Faugère et son neveu, Julien
Lamothe) c'est ce qui est constaté sur le registre des
délibérations. Mais nous ne pouvons faire connaître
les noms des membres qui prirent part à la discussion. A cette époque, il était interdit, non-seulement
de publier par la voie des journaux ou autrement, le
compte-rendu des délibérations des conseils municipaux, mais encore de faire connaître les noms des
membres qui prenaient la parole. Nous pouvons dire

cependant que les plus ardents réactionnaires alors
étaient MM. Tony Rochette, Paul Maigne, Thomas,
Fouillet.

J'avais, comme sous-commissaire, transmis au conseil municipal une proposition du gouvernement pour
un casernement de troupes, lui demandant de surseoir
à toute délibération jusqu'à ce que j'eusse donné des
explications à l'autorité supérieure sur un projet qui
ne pouvait se réaliser en ce moment. La ville ne pos-
sédait aucun local pour recevoir des militaires, qu'on
ne pouvait loger chez les habitants sans leur imposer
de lourdes et inutiles charges.

Le président, Jean Faugère, demanda en conséquence que la discussion fût ajournée.

Les réactionnaires de la majorité, qui avaient demandé de la troupe pour pouvoir être les maîtres de
la ville, s'y refusèrent obstinément.

« Un membre exprime l'étonnement de voir retirer
une proposition qui est le sujet de la communication
ci-dessus, et soutient que le citoyen sous-commissaire
ne saurait prendre sur lui d'arrêter la délibération du
conseil sur une mesure dont l'importance s'accroît
encore par l'inquiétude des populations, depuis la
nouvelle de l'insurrection de Paris.

« Un autre membre donne des explications tendant
à démontrer que le sous-commissaire doit prendre et
transmettre au préfet des explications sur les moyens
de loger la garnison qu'on pourrait nous envoyer, et
que le conseil ne saurait émettre valablement son opinion avant la réponse du chef de l'administration,
attendu que la caserne a été transformée en maison
d'arrêt, et qu'il est impossible de loger de la troupe
chez les habitants, ce qu'il repousse de toutes ses

forces à cause de l'état de gêne et de misère des habitants.

« Le citoyen président appuie l'avis du préopinant.

« Divers membres soutiennent que le conseil est saisi par la lettre lue, et qu'il a le droit de délibérer. Ils font ressortir les avantages d'une garnison à Brioude, sous le rapport de la consommation, des débits de vin, etc. : qu'il y a opportunité et avantage pour la ville puisqu'on peut espérer une augmentation de population *(sic)* et de consommation, et que l'on peut en quelques jours transformer la maison d'arrêt en caserne, sauf à loger, en attendant, les militaires chez les particuliers. Ils ajoutent qu'outre les avantages déjà signalés, une garnison aurait pour effet de protéger les citoyens insultés publiquement dans la rue, en présence des autorités mêmes.

« Le citoyen président répond que si des citoyens ont été insultés, c'est que d'autres, et lui en particulier, ont été insultés, et que si l'on a proféré des cris menaçants on n'a du moins pas tiré sur les bourgeois, tandis que les bourgeois ont tiré sur le peuple.

« La question mise aux voix, le conseil adopte à l'unanimité la proposition de recevoir des troupes, et décide que provisoirement ces troupes seront logées chez les habitants.

« Plus rien n'étant inscrit à l'ordre du jour, un membre propose de voter une adresse aux représentants et aux gardes nationales de Paris qui défendent si courageusement, à Paris, la cause de la République et de l'ordre.

« Le citoyen président s'oppose, en vertu de la loi municipale, à ce que le conseil prenne une pareille délibération, et déclare que si l'on persiste à la prendre il lèvera la séance.

« L'auteur de la proposition commence à lire l'adresse.

» Le président déclare la séance terminée.

» Un membre, après avoir proposé de surseoir à la lecture de l'adresse, pose une question au président de la commission sur le bruit répandu qu'on a réclamé les clefs de la poudrière au citoyen entreposeur, désirant savoir par qui et dans quelle intention ces clefs ont été réclamées.

» Le citoyen président dit que c'est lui qui a demandé qu'il fût placé à la poudrière un cadenas à deux clefs, dont une lui serait remise et l'autre resterait entre les mains de l'entreposeur.

» Un membre s'informe de l'intention ou de la nécessité qui ont dicté une mesure si grave, de nature à jeter la terreur dans les esprits au moment où ils sont sérieusement inquiétés des évènements de Paris.

» Le citoyen président répond que les bourgeois sont armés : les paysans veulent l'être. Il est juste qu'ils le soient aussi.

*Le même membre.* — Il y a donc plusieurs catégories de citoyens ?

*Le citoyen président.* — Oui.

*Le membre.* — Il y a donc des personnes menacées ?

*Le président.* — Oui.

*Le membre.* — Est-ce nous qui sommes menacés ? Dites alors pourquoi, par qui ; serions-nous sur un volcan ?

*Le président.* — Nous sommes sur un volcan, comme vous venez de le dire. Il faut que chacun se tienne prêt ; vous l'êtes : nous voulons l'être aussi. Vous avez acheté de la poudre, des armes : nous en voulons aussi.

*Le membre.* — Devons-nous dire en entrant dans

nos familles : nous sommes au moment de nous tirer des coups de fusils, tenons-nous prêts?

*Le président.* — C'est possible, cela dépend des événements.

« Les interpellations ayant cessé, l'auteur de la proposition ayant repris la lecture de l'adresse, le président lève la séance et quitte la salle. Les autres restent en séance pour protester. A la lecture de ce procès-verbal, le président a déclaré que la séance ayant été levée par lui, ce n'est pas comme président du conseil et en séance municipale qu'il a entendu répondre aux interpellations sur la poudrière et autres questions subséquentes. »

Notre ami Jean Faugère a, on le voit, tenu tête, on peut le dire, à cette assemblée de bourgeois factieux, qui voulaient faire de la politique contre-révolutionnaire, au mépris de la loi, contre la population républicaine de Brioude. Homme du peuple, dans la bonne acception du mot, Jean Faugère, directeur des messageries, n'avait pas d'instruction, manquait de ce savoir-vivre, de ces manières, dont ce qu'on appelle la bonne société fait si grand cas ; mais il était plein de cœur, de franchise, de loyauté, et est l'un de ces rares démocrates qui sont restés toute leur vie fidèles à leurs principes, à leurs amitiés et à leurs haines politiques.

Une commission, à la tête de laquelle était l'avocat Rochette, l'ancien royaliste qui, en 1815, avait accusé son beau-frère de bonapartisme, et qui dictait les procès-verbaux de délibérations du conseil à son neveu Tony Rochette, qui n'a hérité de lui que de ses mauvaises qualités, vint à la sous-préfecture me dénoncer le président de la commission administra-

tive comme ayant voulu armer le peuple de Brioude
pour soutenir les insurgés de juin. Comme je la mis
à la porte, je fus moi-même dénoncé par ces farceurs
sinistres comme complice des vaincus de juin.

La proclamation fut envoyée à Paris sans être livrée
à la publicité ; nous n'en avons trouvé nulle part le
texte. Elle devait ressembler à celle rédigée après
les évènements du 15 mai.

Non contents d'avoir fait cette manifestation illégale, les conseillers municipaux adressèrent aux habitants de Brioude la proclamation suivante :

*Les citoyens soussignés, membres du conseil municipal,
à leurs concitoyens.*

« Chers concitoyens,

« Ceux que vous avez honorés de vos suffrages, à
une autre époque, se sont profondément émus en
apprenant qu'une sourde rumeur présentait comme
possible une collision entre les enfants de la même
cité. Non ! il n'est pas possible que des préventions
hostiles puissent trouver place dans des cœurs patriotiques, et nous ne nous trompons pas, chers concitoyens, en affirmant hautement qu'aucun propos
fratricide ne pourrait trouver accès dans notre ville.
Nous le repousserions tous avec le plus énergique
mépris ; ces sentiments ont pour garantie le bon esprit
de tous les habitants de Brioude.

« Soyons patriotes comme nos pères, et, comme
eux, ne laissons que des traditions dont nous puissions
être fiers. Nos sentiments, comme ceux de tous, ont
pour expression sincère la sublime devise : *Liberté,
Égalité, Fraternité,* qui devient le lien indissoluble
de tous les français. Nous vous en adjurons. Soyons
confiants les uns envers les autres ; aimons-nous ;

T. II

livrons-nous sans crainte à ces sentiments de bienveillance, de réciprocité, d'assistance mutuelle, qui
sont un besoin pour les vrais républicains, et qui
doivent assurer le charme de nos fraternelles relations.
Comptez sur notre empressement, sur l'empressement
de tous, pour porter partout des paroles de concorde
et de paix et faire disparaître jusqu'aux dernières
traces de préventions, s'il pouvait en exister dans
quelques esprits. Vive la République !

» Saluts fraternels.

» TALAYRAT, VERNIÈRE, COUGUET, FOUILLET, Gustave
BAGÈS, Paul MAIGNE, BELMONT, ESBRAYAT, Joseph
THOMAS, Tony ROCHETTE, BESSEYRE, GAUTHIER,
CHANSON, ROUMILHAC, Alfred CREXIER. »

Absent de la réunion où cet appel hypocrite à la
concorde, à l'union, fut voté, M. Arthur Mallye s'empressa d'y adhérer par écrit.

Cette adresse, imprimée sur une feuille blanche de
grand format, fut, par les soins des conseillers, pla-
cardée sur tous les murs de la ville, tambourinée par
Montgon, le tambour de ville, répandue partout à
profusion, fourrée dans les mains, jusque dans les
poches des passants, forcés ainsi d'en emporter un
exemplaire.

Les républicains, signalés — ils le savaient. — aux
colères du pouvoir, par la justice et la police si
bien représentées au conseil municipal, ne savaient
s'ils devaient rire ou s'indigner de ce *boniment* où,
sous les grands mots de Fraternité, d'Égalité, de Liberté, se cachait une manœuvre ayant pour but de
faire croire à la population, que ses conseillers étaient
les véritables défenseurs de la République, de l'ordre,
de la paix publique. Malzieux, le forgeron, qui était

toujours coiffé du bonnet rouge, fit, le premier, justice
de la fumisterie réactionnaire. Il déchira et fit brûler
sur la place Saint-Jean, au milieu des éclats de rire
et des applaudissements de la foule, toutes les affiches
qu'il put recueillir.

Le sous-commissaire ne pouvait tolérer une pareille
infraction aux lois en vigueur. Je demandai la suspension du conseil municipal, qui ne représentait d'ailleurs plus la population. M. Dance, sous-commissaire
d'Yssingeaux, à qui Toussaint Bravard, en allant
occuper son siège à l'assemblée nationale, avait confié
la direction de la préfecture, fit droit à ma demande
par cet arrêté :

« Nous, commissaire du gouvernement de la République dans le département de la Haute-Loire,

« Considérant que dans la conduite du conseil municipal de la ville de Brioude, et dans le fait de la publication d'une proclamation ou adresse, il y a une
violation formelle aux dispositions de la loi du 21 mai
1831, et notamment à l'article 30 de la même loi :

« ARRÉTONS :

« Le conseil municipal de Brioude est et demeure
suspendu.

« Fait et arrêté au Puy, le 30 juin 1848. »

Quelques jours après, les commissaires et sous-
commissaires étaient remplacés par des préfets et des
sous-préfets. Les élections générales pour le renouvellement des conseils municipaux étaient fixées au 30
juillet. M. Richard (du *National*) était envoyé au
Puy comme préfet. M. Dance retournait à Yssingeaux
avec le titre de sous-préfet ; j'étais purement révoqué
et remplacé par M. Randoing, qui n'accepta point.

Je m'étais du reste exécuté moi-même ; j'avais offert en mai et en juin ma démission à mon ami Bravard, qui ne l'accepta pas. Je voulais en effet reprendre ma place au conseil municipal pour y combattre la réaction.

Le 18 juillet, j'écrivis la lettre suivante au nouveau préfet :

« Citoyen préfet,

« Républicain de la veille, j'avais accepté provisoirement les fonctions de sous-commissaire, pour *républicaniser* l'arrondissement de Brioude longtemps soumis à l'influence corruptrice de l'aristocratie bourgeoise. Ma mission remplie, j'ai offert ma démission ; et si je suis encore au poste où la réaction m'a placé, c'est que je n'ai pas voulu céder à la réaction.

« Aujourd'hui, je me retire, non devant cette réaction, qui grandit en tout et partout, ou devant les calomnies qui n'ont pu m'atteindre, non par fatigue, par découragement, par crainte d'une révocation : je me retire parce que je veux puiser à l'élection populaire une nouvelle force pour défendre la République.

« Les élections municipales vont se faire. Je veux demander à mes concitoyens, qui prononceront entre mes ennemis et moi. Je ne puis donc plus exercer les fonctions de sous-commissaire, et je vous prie, citoyen préfet, de me regarder dès à présent comme démissionnaire.

« Je laisse l'arrondissement de Brioude calme, tranquille, sincèrement républicain. Puissent mes successeurs, le maintenir ainsi toujours.

« Salut et fraternité.

« Amédée St-Ferréol.

Brioude, 18 juillet 1848.

En 1871, je devais donner encore une fois ma démission, pour des motifs politiques aussi. Je ne suis pas de ceux qui se cramponnent à leur place.

Pendant la fin de juillet, chaque parti se prépara aux élections. Une réunion électorale, qui eut lieu dans la salle du tribunal, fut des plus orageuses. Trois membres du conseil municipal, MM. Talairat, Fouillet, Thomas, avaient convoqué, avec leurs collègues, MM. Couguet père, Mallye père et fils, Besseyre, Alfred Grenier, Vernière, adjoint, Roumilhac, Gauthier, Chanson, plusieurs de leurs amis, afin de s'entendre sur le choix des candidats à présenter. Les Mallye, qui craignaient de ne pas avoir la majorité dans cette réunion, avaient invité leurs voisins et fournisseurs à s'y rendre. Ces allées et venues furent assez apparentes pour donner l'éveil aux républicains, qui y vinrent en nombre. Parmi ceux-ci se trouvaient Bardolet, Prével et Bayle.

Notre ami Prével demanda que la réunion fût renvoyée afin que les travailleurs pussent y assister. Cette proposition, très raisonnable, mit en fureur le sieur Déjax-Montmiral, qui cria à Prével, en le menaçant du poing : « Pourquoi êtes vous ici? Retournez au milieu de la canaille, où vous étiez à Paris. » Et il allait le frapper lorsque celui-ci, lui arrêtant le bras, lui dit : « Remerciez, monsieur, vos cheveux blancs, car vous auriez reçu la correction que vous méritiez. »

De son côté, M. Arthur Mallye était monté sur une table, gesticulant, brandissant sa canne dont il allait frapper le citoyen Bayle, qui ne lui avait même pas adressé la parole, si un des assistants n'eût détourné le coup. Le tumulte grandissant devant ces provocations, M. Mallye père, rouge de colère, intervint de la manière la plus agressive pour soutenir son fils qui, en homme prudent, se déroba par une porte de derrière. Mais les républicains, justement irrités, auraient donné probablement à M. Mallye, président du tribunal civil, et à son comité, une leçon dont ils se seraient souvenus, si, comme le jour des élections des représentants, au collège, je n'étais pas arrivé à temps pour calmer l'irritation de nos amis, de sorte que la salle s'évacua sans que l'ordre ne fût troublé.

La suspension du conseil municipal avait été levée par le préfet Richard en même temps à peu près que j'étais révoqué.

Plusieurs membres de ce conseil, MM. Paul Maigne, Tony Rochette, Arthur Mallye, Alfred Grenier, accompagnés de MM. Denier-Bertrand, qui, ayant épousé une femme du Puy, était regardé sans doute comme pouvant exercer une grande influence à la préfecture, et Fournier, ingénieur, se croyant un homme important, furent en députation demander au préfet le renvoi des élections municipales de Brioude, sous le prétexte qu'on n'avait pas le temps de réviser les listes électorales.

M. Richard leur répondit que la date des élections ayant été fixée pour toute la France par un décret, il était impossible de la changer; mais pour être agréable aux adversaires des radicaux, il permit que les élections se fissent le lundi 31 juillet au lieu d'avoir lieu le dimanche, 30.

Nos adversaires espéraient que ce jour-là les paysans et les ouvriers ne viendraient pas voter, occupés à leur travail et intimidés d'ailleurs par la présence de troupes qu'on pourrait faire venir.

Les choses se passèrent d'abord comme l'avaient voulu les réactionnaires. Toutes les brigades de gendarmerie de l'arrondissement furent concentrées à Brioude. Une compagnie d'un régiment de ligne vint les renforcer. Aux portes de la ville, la troupe chargea ostensiblement ses armes et entra la baïonnette au fusil, comme dans une ville mise en état de siège. De nombreuses patrouilles parcouraient les rues, tandis que la troupe et la gendarmerie stationnaient, l'arme au bras, sur les boulevards. En présence de ce déploiement de forces, la population, restant calme, tranquille, riait de la déconvenue des gendarmes, que leur lieutenant Vital, après les avoir encouragés de la voix et du geste, avait dû faire rentrer à la caserne; et elle faisait le meilleur accueil aux troupiers, qui ne se gênaient pas pour dire qu'on s'était moqué d'eux, en leur disant que la ville de Brioude était un repaire de brigands, d'insurgés, dont on ne pouvait avoir raison que par la force.

La réaction n'en comptait pas moins prendre sa revanche au scrutin. Le triomphe de la démocratie n'en fut que plus éclatant, plus complet. Jamais les électeurs n'avaient été plus nombreux. La liste républicaine, sur laquelle j'étais porté avec nos amis, passa tout entière au premier tour de scrutin avec 900 voix de majorité. La liste réactionnaire, à la tête de laquelle se trouvaient les membres du conseil municipal suspendu ne recueillit pas même 300 voix. MM. Gaubert et Pradier-Faurot, qui devaient sous l'empire et sous *l'ordre moral* ceindre l'écharpe municipale sans faire partie du conseil municipal, eurent, le premier, 7 voix, le second, 6.

# CHAPITRE VI

## RÉPONSE A NOS CALOMNIATEURS

La victoire populaire dont nous venons de donner
le résultat, fut la réponse aux diatribes, aux calomnies
répandues contre mes amis et moi, par la feuille de
Gaudelet, au Puy, et les dénonciations de nos adversaires brivadois, fonctionnaires ou bourgeois aspirant à l'être. J'avais moi-même répondu par une lettre
aux calomnies qui avaient été livrées dans le journal
*la Haute-Loire,* à la publicité. Toutefois je n'ai connu
que plus tard, à Paris, où Francisque Maigne les découvrit dans un dossier déposé à la Chambre des
députés, la dénonciation officielle adressée au ministère de la justice par le procureur de la République à
Brioude, le sieur Lesueur, beau-frère de l'avoué Langlade.

L'ayant retrouvée dans mes papiers, je crois bon de
la reproduire avec ma lettre, pour l'édification du
public, qui oublie tous les jours le passé :

« La liberté la plus illimitée de la presse n'autorise
point la calomnie et le mensonge. Sous les gouverne-
ments les plus libres, les plus démocratiques, les
diffamateurs doivent être rigoureusement poursuivis
et punis. Si donc je n'ai pas traduit devant les tribu-

naux des journalistes qui, sans me connaître, sans connaître les faits, nous insultent, mes amis et moi, et nous calomnient systématiquement depuis plusieurs semaines, sur la foi de correspondants qui n'osent pas signer leurs dénonciations et ne peuvent les appuyer sur aucune preuve, sur aucun témoignage, ce n'est point par respect pour la liberté de la presse, pour le droit de la diffamation ; c'est parce que je n'ai pas voulu être le premier, après la Révolution de Février, à faire un procès à la presse dans nos départements. J'ai mieux aimé prendre l'opinion publique pour juge. Et, acceptant hautement la responsabilité de mes actes, de mes paroles, de mes opinions, mais repoussant avec indignation et mépris des accusations, dont mes accusateurs devraient enfin venir, en se nommant eux aussi, affirmer la vérité sur l'honneur, j'ai adressé au rédacteur de *la Haute-Loire* la lettre que je publie aujourd'hui.

« *Brioude, le 11 juillet 1848*.

« Monsieur,

« Soutenir une polémique contre des ennemis inconnus qui, embusqués derrière votre journal, poussent le courage et l'amour de la vérité jusqu'à la diffamation anonyme, jusqu'à la délation, serait folie.

« Voici ma dernière réponse.

« Vos accusations contre le club de Brioude, contre mes amis politiques, contre moi, accusations absurdes hier, odieuses aujourd'hui qu'elles tendent à faire de nous des complices de l'insurrection de juin, sont fausses et calomnieuses.

« Ainsi, répondant catégoriquement, non pas à vos injures, elles ne m'atteignent pas, ni à vos déclamations, elles n'en valent pas la peine, mais aux imputations formulées, précisées, affirmées par vous, avec une assurance, un aplomb faits pour convaincre les plus incrédules,

» J'affirme sur l'honneur que *jamais*, au club de Brioude, l'existence de Dieu n'a été mise *aux voix*, *en discussion, en doute;* que *jamais* aucun vote, aucune discussion n'a pu donner lieu à une pareille interprétation ;

» Que jamais, ni le démocrate pur, intelligent, dévoué, qui est désigné dans votre article de manière à être reconnu par tous ses concitoyens, ni aucun clubiste, n'a proposé, *pour propager le culte de la divinité, d'en multiplier les ministres en les coupant en quatre,* n'a prononcé aucune parole qui ait pu donner l'idée du sanglant jeu de mots dont la responsabilité revient tout entière à ceux qui l'ont inventé :

» Que le 25 juin, ni aucun autre jour, personne n'a *annoncé au club, solennellement* ou de quelque manière que ce soit, la délivrance des prisonniers de Vincennes ;

» Que jamais aucun cri de menace, de proscription ou de haine n'a retenti dans ces bals, ces banquets de l'égalité, ces manifestations populaires, ces fêtes de la démocratie, admirables d'ordre, d'union, d'harmonie, où des populations entières, leurs maires en tête, ont fraternisé aux cris de *Vive la République !*

» J'affirme sur l'honneur que je n'ai jamais présidé le club de Brioude qu'aux premiers jours de sa fondation ; que je n'ai jamais assisté à aucune séance d'un des clubs institués dans les autres villes ou communes de l'arrondissement, et que, par conséquent, *des maximes subversives de toutes les lois divines et sociales,* n'y ont jamais pu *être professées sous mon patronage et souvent même sous ma présidence ;*

» Que j'ai toujours communiqué les dépêches manuscrites, et fait afficher les dépêches officielles imprimées immédiatement après les avoir reçues.

« Et maintenant, entre mes affirmations et les vôtres, que le pays prononce.

» Mais, pour vous prouver, monsieur, que je ne recule devant la manifestation d'aucune vérité, je reconnais qu'on a crié *Vive la canaille! vive Barbès!* à ce banquet de la fraternité, où cinq mille personnes, hommes, femmes, vieillards, enfants, unies dans une religieuse pensée d'espérance et d'amour, sont venues, au grand jour, à l'air libre, sous le regard de Dieu, partager fraternellement le pain des égaux.

» Mais on a crié *Vive la Canaille!* parce que les clubistes, appelés *la Canaille* par les *Talons rouges* de la bourgeoisie, ont voulu se parer des injures de leurs ennemis, se nommer des noms inventés par leur mépris ou par leur haine, comme autrefois les *Gueux* de la Belgique, les *Descamisados* de l'Espagne, les *Sans-Culottes* de notre grande Révolution, comme à toutes les époques de l'histoire, où

> « La grande populace et la sainte canaille
> « Se ruaient à l'immortalité.

« Mais on a crié *Vive Barbès!* Parce que le peuple, qui connaît Barbès, grand cœur, tête ardente, Barbès, qui a tant souffert pour la liberté, pour la démocratie, a oublié, dans un moment d'élan, qu'on doit crier *Vive la République!* jamais *vive un homme!* a cru pouvoir donner sans crime un souvenir sympathique au prisonnier, jeté malgré lui par la trahison et l'énivrement de l'émeute, dans les hasards d'une tentative insensée que le parti démocratique déplore plus que personne.

« J'ajouterai même — ce que vous n'avez pas dit, ce qui expliquera, justifiera peut-être pour quelques-uns de vos lecteurs, vos évocations de *quatre-vingt-treize,* de la *terreur,* de *Saint-Just,* de toute cette fantasmagorie à l'usage des contre-révolutionnaires, — que nous, disciples de l'idéal, nous qui croyons au progrès, à l'avenir, au développement de l'humanité s'élevant chaque jour vers Dieu, nous avons adopté dans notre club, comme résumé de nos doctrines sociales et politiques, comme formule, non pas définitive, mais la plus avancée de notre démocratie, la déclaration des droits de l'homme et du citoyen décrétée par la convention nationale, sur le rapport de Maximilien Robespierre.

« J'avoue de plus que j'ai pris part à la fameuse conspiration des poudres que le fameux entreposeur des tabacs a seul empêché d'éclater, au moment de l'insurrection de Paris, m'étant concerté avec le maire pour faire mettre à la porte de l'entrepôt des poudres un cadenas dont une des clés devait être déposée à la mairie ; et je signale comme mes complices, le colonel de gendarmerie de Lyon, le commissaire du gouvernement et le directeur des contributions indirectes de la Haute-Loire, qui ont approuvé cette mesure.

« J'avoue aussi, au risque de vous donner le secret de tant de saints mensonges, de dévotes fureurs, d'âpres rancunes, que le club de Brioude a eu *la barbare insolence* de demander à l'assemblée nationale la suppression des cumuls, des sinécures, de la vénalité des charges et, impiété autrement audacieuse que de nier l'existence de Dieu… le licenciement de la corporation des jésuites, armée obéissant passivement à un chef étranger et qui n'est française et républicaine ni par le cœur, ni par le langage, ni par les principes.

« Enfin, je me confesse humblement de n'avoir fait aucune conquête à votre honnête République, mais,

que voulez-vous, il n'y avait plus de conversions à
faire.

« Le lendemain de la Révolution de Février, nos
frénétiques monarchiens de la branche aînée et de la
branche cadette, nos fanatiques soldats de l'autel et
du trône s'étaient par un miracle de la providence,
réveillés républicains, plus républicains que nous.
Nous n'avons plus eu qu'à planter en signe de ré-
jouissance des arbres de la liberté, à organiser sur
nos places publiques des banquets populaires à 25
centimes, où nous avons vu avec bonheur nos fonctionnaires les plus ci-devant royalistes, nos magistrats les plus gravement conservateurs ou dynastiques la veille, faire leur profession de foi républicaine au milieu des *clubistes, de la canaille*.

« Le gouvernement républicain pouvant compter
sur le dévouement à toute épreuve de ces messieurs,
je me suis naïvement imaginé que le meilleur moyen
de faire aimer toujours la République au peuple,
c'était de rendre moins lourds les impôts qui pesaient
sur lui, d'alléger les charges qui frappaient les objets
de première nécessité, le vin par exemple : j'ai donc
provoqué, non pas le *refus de l'impôt*, comme vous
l'insinuez si charitablement encore, mais j'ai provoqué et obtenu, avec le concours du citoyen Bravard, le déclassement de la Haute-Loire, justice
vainement demandée sous la monarchie par vos mi-
nistériels faiseurs de promesses électorales.

« Battez-donc encore une fois la caisse, messieurs
de *la Haute-Loire*, pour annoncer à la France du
*Constitutionnel* et des *Débats*, que *la terreur*, l'anarchie, *le désordre*, règnent dans ce *malheureux* arrondissement de Brioude, où il n'y a pas eu la plus
légère émeute, la plus faible collision, le plus petit
trouble, où les *clubistes*, les *terroristes*, le peuple et

les fonctionnaires de la Révolution sont impunément provoqués, menacés, diffamés, où tous les fonction-naires salariés de Louis-Philippe, à l'exception de quatre, ont conservé leur place; vous ne parviendrez pas à diviser, effrayer ou irriter nos démocratiques populations. Malgré les bruits alarmants, les contes absurdes que répandent à dessein dans nos campagnes ceux qui se disent en danger, parce qu'ils sont sans influence, elles resteront calmes, unies sous le drapeau de la République, attendant avec patience les jours des élections, pour prononcer souverainement entre les amis et les ennemis du peuple. Et moi, monsieur, qui ne relève que de Dieu et de ma conscience, moi qui m'honore autant des haines de la réaction, que je suis fier et heureux des sympathies dont les travailleurs, les prolétaires m'ont donné tant d'éclatants témoignages, je resterai toujours, advienne que pourra, fidèle à la cause du peuple, à la cause de l'ordre dans la justice, à la cause de la République démocratique et sociale, qui peut seule réaliser pacifiquement sur la terre *la liberté, l'égalité, la fraternité!*

» Amédée ST-FERRÉOL,

" *sous-commissaire.* "

» *Brioude, 2 août 1848.*

" Depuis que cette lettre a été écrite, de nouvelles calomnies ont été dirigées contre nous et répandues dans toute la France par la voie de la presse. Le *Constitutionnel* et le *Siècle* ont répété toutes les accusations de nos ennemis et n'ont pas voulu insérer nos réponses.

» Une députation composée de presque tous les chefs de corps de la ville de Brioude, est allée demander au préfet, au nom du pays, ma révocation de sous-commissaire.

« J'ai été remplacé dans des fonctions que j'avais provisoirement acceptées après la Révolution de Février, que j'avais demandé à quitter depuis longtemps.

« Les réactionnaires ont salué mon remplacement de leurs acclamations ; ils ont dit que l'arrondissement et la ville de Brioude avaient reçu la nouvelle de ma chute avec reconnaissance, avec bonheur, comme une mesure de réparation et de justice.

« J'ai ajourné ma réponse aux élections ; j'ai renvoyé mes accusateurs à nos juges naturels, à ceux qui connaissent tous les jours de notre vie politique et privée, aux électeurs appelés à prononcer entre les amis et les ennemis du peuple.

« Le pays a prononcé ; les élections municipales ont eu lieu ; elles ont eu lieu dans les circonstances suivantes :

» Le conseil municipal, suspendu pour avoir adressé une proclamation illégale aux habitants de Brioude, qui l'avaient accueillie comme une insulte, avait, par un nouvel arrêté du préfet, repris ses fonctions pour réviser les listes électorales.

« Sous-commissaire par intérim, j'attendais chaque jour le sous-préfet nommé à ma place, ignorant, ainsi que le maire, *les mesures de salut public* prises ou demandées je ne sais par qui, je ne sais pourquoi.

« Les élections, sur la demande de nos adversaires, avaient été ajournées.

« Au lieu de se faire le dimanche, comme dans toute la France, elles avaient été remises *au lundi,* jour où, à cette époque de l'année surtout, les ouvriers, les cultivateurs, les travailleurs, occupés aux travaux de l'atelier, des champs, se trouvaient forcés d'acheter le droit de voter au prix du salaire d'une journée de travail, ou de perdre leurs droits de citoyens pour gagner le pain de chaque jour.

» Pendant les élections, la ville était gardée, sans que je l'eusse demandé, sans que j'en fusse instruit, par cinq brigades de gendarmerie consignées dans leurs casernes, et par une compagnie de voltigeurs de ce trop célèbre 35ᵉ dont, par une coïncidence au moins étrange, l'ancien colonel vient demander aux habitants de la Haute-Loire, l'honneur de les représenter à l'assemblée nationale.

» D'un côté enfin étaient les démocrates, les républicains, les travailleurs, le peuple ; de l'autre, les légitimistes, philippistes dynastiques et conservateurs, etc., les congréganistes, les hommes d'affaires, les hommes d'argent, les hommes d'église, les hommes en place, l'aristocratie bourgeoise.

» Voici le résultat de l'élection :

*Nombre des conseillers à élire, 23*

Nombre des votants, 1,017 ; majorité absolue, 506

(1ᵉʳ TOUR DE SCRUTIN)

Candidats portés par le parti républicain démocratique et élus seuls membres du conseil municipal de Brioude.

1 Amédée Saint-Ferréol, ex-sous-commissaire 860
2 Moulin-Redon, cultivateur, 859
3 Jean Faugère, maire provisoire, 853
4 Lamothe-Gibelin, propriétaire, 840
   (Ces quatre membres faisaient partie de la minorité de l'ex-conseil municipal).
5 Charles Vidal, propriétaire et chef de musique 839
6 Méry-Virat, boucher, 838
7 Cheminard Balthazard, imprimeur-libraire, 837
8 Grenier-Ferrand, cultivateur-vigneron, 833

9 Charles Lhomme, horloger,      832
10 Beraud fils, ouvrier serrurier-mécanicien,      830
11 Duclaux, limonadier,      825
12 Souligoux-Sève, propriétaire,      824
13 Perrein fils, propriétaire,      823
14 Touchebeuf fils aîné, boulanger,      823
15 Alary fils, cultivateur,      819
16 Tourrette-Auvernat, cultivateur,      817
17 Bayle-Courtet, employé à l'enregistrement,      813
18 Ferrand Louis, cultivateur,      813
19 Trioullier-Anglisson, maître d'hôtel,      812
20 Chalier-Jenton, cultivateur-vigneron,      811
21 Sadourny-Villa, décoré de Juillet, m$^d$ de bois 809
22 Marchet, sabotier,      • 802
23 Aubazat fils, cultivateur,      799

*Candidats portés par le parti réactionnaire*

Thomas, juge, membre du conseil municipal,      282
Esbrayat, vétérinaire,     id.      279
Talayrat, ex-maire,     id.      273
Vincent Simon, entrepreneur,      272
Fouillet, substitut du proc. de la Rép., memb.
    du conseil municipal      265
Beraud père, serrurier      265
Hyvernoux-Bouquet, cultivateur      262
Bagès, avoué, membre du conseil municipal,      262
Couguet, juge,     id.      260
Alfred Grenier, notaire,   id.      259
Roumilhac, notaire,     id.      259
Valeix-Plaix, cultivateur,      258
Rochette Tony, prop., m. du conseil munic.,      253
Besseyre, propriétaire,     id.      250
Belmont, avocat,     id.      250
Gauthier, marchand,     id.      247
Paul Maigne, avocat,     id.      247

Mosnier-Roudeyre, cultivateur,                         245
Jacques Granat, cult., présid. de la congrég. 244
Mallye Arthur, avocat, memb. du cons. munic. 233
Chanson, notaire,                         id.            233
Tourrette père, boulanger,                          229
Vernière-Rochette, ex-adjoint,  id.            228

» A Blesle, à Langeac, dont les démocrates avaient eu également les honneurs de la diffamation, le résultat a été le même : les républicains ont complètement triomphé.

» A Langeac, les trois membres de la commission municipale plus particulièrement attaqués par les réactionnaires, sont entrés au conseil avec leurs amis politiques.

» A Blesle, le docteur Francisque Maigne, maire, dénoncé avec tant de violence par quelque sacristain du pays, a obtenu 244 voix sur 294 votants ; tous les candidats du parti populaire l'ont emporté à une grande majorité.

» Les maires de Beaumont, de Bournoncle, etc., signalés par leurs dévots ennemis comme des impies, des hommes incapables ou tarés, ont été nommés à la presque unanimité des suffrages, laissant sur le carreau les protégés du parti prêtre et de Messieurs les correspondants de *la Haute-Loire.*

» Partout enfin les injures des contre-révolutionnaires ont porté bonheur.

» Et maintenant, ennemis de la démocratie, calomniez encore, calomniez toujours. De jour en jour, le peuple qui s'éclaire, connaît mieux sa force, ses droits, ses intérêts, ses amis. Nous vous attendons aux élections.

» AMÉDÉE ST-FERRÉOL,

» *ex-sous-commissaire.* »

« *Brioude, le 6 juillet 1848.*

« Monsieur le Procureur Général ,

« Les révélations que j'ai à vous faire ne sont pas sans gravité, elles paraissent se rattacher aux attentats qui viennent d'épouvanter la France, elles peuvent compromettre le caractère d'un homme assez haut placé par la Révolution ; c'est un motif de plus pour que je vous fasse part de toutes mes impressions, pour que je vous révèle sans déguisement les actes et les faits qui sont parvenus à ma connaissance.

« L'établissement de la République a été salué dans cet arrondissement avec bonheur et espérance, pas l'ombre de la résistance, pas une plainte, pas une pensée de réaction, chacun ne formait qu'un vœu, celui de voir le nouveau gouvernement s'établir sur des bases sages, honnêtes, modérées, et par cela même impérissables.

« La nouvelle administration se trouvait donc placée dans les conditions les plus faciles, les plus heureuses, tous les hommes de bien, toutes les personnes influentes, recommandables, se proposaient de lui prêter un concours loyal et sincère, elle s'est hâtée de refouler ces bonnes dispositions.

« Dans le principe une commission composée de citoyens honorables s'est instituée, mais bientôt l'un d'eux nommé sous-commissaire, s'est séparé de ses collègues : c'est le citoyen Amédée St-Ferréol, appartenant à une famille estimable et fortunée ; il s'était toujours placé dans les rangs de l'opposition, mais n'avait jamais affiché des opinions démagogiques. Son premier soin pour s'emparer de l'esprit de la population peu éclairée fut d'ouvrir un club *d'où il a exclu tous les hommes de quelque consistance, de quelque valeur.*

» Son premier mot pour s'attirer la popularité fut la promesse de l'abolition des droits sur les boissons et de certains droits d'octroi, promesse suivie d'une exécution immédiate. Ce programme devait être accueilli par une population qui éprouve une aversion profonde pour ces taxes.

» Le citoyen sous-commissaire, après avoir ainsi flatté les passions et les intérêts populaires *et éliminé de son club la bourgeoisie,* fit venir de Paris un sieur Jules Maigne, signalé par l'exaltation de ses opinions ultra-révolutionnaires ; un sieur Boyer se disant délégué des clubs était aussi venu offrir l'appui de son talent.

» Bientôt les prédications les plus incendiaires, les plus subversives, les plus anarchiques retentirent dans l'assemblée dont le sous-commissaire a été long-temps le président et dont il est encore l'âme. Les adeptes les plus zélés sont un sieur Bardolet, professeur de philosophie, et un sieur Perrein fils. Pour anéantir complètement la légitime et salutaire influence que les hommes de bien exerçaient sur la classe des ouvriers, des artisans et des cultivateurs, le citoyen St-Ferréol et ses affidés leur signalèrent la bourgeoisie comme une ennemie naturelle, implacable ; une sorte de croisade fut chaque soir prêchée contre les privilégiés, contre les riches, contre ceux *qui exploitent l'homme par l'homme.*

» Cette excitation à la guerre civile s'est propagée dans les campagnes ; des sociétés qui relèvent de celle de Brioude furent créées dans presque tous les chefs-lieux de canton et à leur tête se placèrent des ambitieux et des hommes perdus de dettes et d'honneur.

» Les deux grands meneurs, MM. St-Ferréol et

Maigne avaient un double but en s'emparant de l'esprit de la population, le succès de leur candidature à l'assemblée nationale et le triomphe de leurs principes socialistes, ou pour mieux dire démagogiques.

« Au moment solennel des élections, il n'est pas de manœuvre audacieuse, odieuse qui n'ait été pratiquée par les prétendants. Tous les cœurs étaient comprimés par la terreur ; un seul cri de protestation est sorti de la poitrine d'un homme de bien, d'un homme qui a été quinze ans député de l'opposition, de l'ami des Dupont de l'Eure et des Lafayette, du président de ce tribunal, et ce rappel à la pudeur a été étouffé, travesti, récriminé (voyez les lettres échangées entre le sous-commissaire et MM. Mallye et Rochette n° 1 A. J.).

» Heureusement le bon sens public dans les arrondissements du Puy et d'Yssingeaux a fait justice d'une conduite si peu en harmonie avec les principes de moralité et d'une véritable liberté. Mais cette défaite électorale n'a fait qu'accroître l'exaspération de ces messieurs contre la bourgeoisie et les prêtres qu'ils accusent de leur insuccès. Depuis cette époque les prédications dans le club de Brioude sont devenues encore plus furibondes.

« La population de cette ville, en général honnête, soumise aux lois, révérencieuse envers la justice et la classe bourgeoise à laquelle elle touche par tant de points, est maintenant démoralisée, elle regarde avec méfiance, avec haine ceux qu'elle considérait naguère comme des protecteurs, des amis, des guides.

« Telle était la situation des esprits dans l'arrondissement lorsque l'événement du 15 mai a éclaté.

» Il est de notoriété publique que le club de

Brioude est affilié aux sociétés les plus exaltées de Paris, et je partage cette opinion. Avant la criminelle tentative de Barbès, le bruit d'un mouvement était annoncé, et le 15 mai le sous-commissaire donnait un bal populaire dans les salons et les jardins de la sous-préfecture. Inutile de dire que toute la bourgeoisie était exclue. Mais ce qui est plus significatif c'est que malgré les anxiétés publiques, la dépêche télégraphique qui annonçait la répression ds l'attentat fut tenue secrète par le sous-commissaire, qui ne put se décider à faire publier la défaite de ses amis politiques.

» Cependant la nouvelle fut révélée le soir au club et des renseignements que je crois exacts m'ont appris que le citoyen Jules Maigne, en présence du sous-commissaire, a déclaré d'une voix émue que la cause du peuple avait été vaincue, que son ami Barbès était arrêté, mais que le triomphe de la réaction ne serait pas de longue durée, qu'un mouvement se préparait et que la victoire était assurée.

« Ce sont les choix détestables faits dans les élec-
» tions, ajouta-t-il, qui ont retardé notre affranchis-
» sement ; nous ne touchons que du doigt la vraie
» République ; mais nous descendrons une seconde
» fois dans la rue, et alors la colère du peuple sera
» terrible. »

» Une motion est faite et chaque clubiste prête serment de n'obéir qu'à ses chefs, de ne connaître toute autre autorité que celle de la société, de marcher au secours des ouvriers si les villes voisines se soulevaient.

» Depuis ce jour l'esprit qui anime le club se traduit par les cris de : vive Barbès ! vive la canaille ! à bas la bourgeoisie ! à bas le salon ! Des noms sont même prononcés; ce sont ceux des citoyens Mallye, président, Tony Rochette, membre du conseil d'arrondissement, Fournier, ingénieur.

« A une des séances du club, un nommé Chapaveyre, vice-président, s'est écrié en présence du citoyen commissaire que la guillotine avait fonctionné quatre ans trop tard à notre première Révolution, mais que la même faute ne serait pas commise à la seconde.

« Tout homme d'honneur ne pouvait pas s'associer plus longtemps à une pareille administration. M. Talayrat, vénéré dans cette ville, qui a exercé plus de 30 ans les fonctions de maire, a donné sa démission. M. Mallye fils, premier adjoint, avait pris l'initiative. Une commission municipale fut composée du sieur Jules Maigne, quoique étranger à la cité, d'un sieur Jean Faugère, homme sans intelligence et sans instruction, dévoué corps et âme à M. St-Ferréol, et de M. Thomas, qui répondit par un refus.

« Après la crise du 15 mai le conseil municipal proposa une adresse à la garde nationale de Paris : le citoyen Jules Maigne qui présidait l'assemblée prétendit que la loi interdisait de délibérer et leva la séance.

» Ce qui prouve l'initiation de la société de Brioude aux clubs insurrectionnels de Paris, c'est que chaque évènement était connu plusieurs jours à l'avance et que nous avons eu des parodies ridicules des manifestations de la capitale. Ainsi le jour fixé pour le fameux banquet de Vincennes, Brioude avait le sien (je vous envoie la rédaction faite par le citoyen Perrein).

» Je me borne à ajouter que l'historien a exagéré le nombre des convives et qu'il a omis de dire que le citoyen commissaire est parti de Brioude en tête du cortège, ayant dans une des poches de son paletot un pain et dans l'autre une bouteille de vin ; que les cris mille fois répétés de vive Barbès ! vive St-Ferréol ! furent accompagnés de ceux-ci : à bas la bourgeoisie! vive la guerre civile !

» Quelques jours avant les évènements de juin, le citoyen Jules Maigne annonça son départ pour Lyon et ne cacha pas qu'il allait visiter et réchauffer les clubs de cette ville et que de là il se rendrait à Paris où de grands évènements se préparaient. J'ai su par le colonel de gendarmerie qu'il s'était fait remarquer à Lyon dans les sociétés populaires par l'exaltation de ses discours. Un de ses amis qui se donne le nom de Prével et se dit étudiant en médecine est arrivé ici quelques jours après le 15 mai ; il a été reçu à bras ouverts par les clubistes et le sous-commissaire ; il est en ce moment président du club. Le sieur Maigne était à Paris lorsque l'insurrection a éclaté : j'ignore s'il y a pris une part active.

» Pendant cette guerre affreuse, l'émotion la plus vive régnait au club qui ne dissimulait pas ses vœux pour le triomphe de ceux qu'il appelait *ses frères*.

» La première dépêche télégraphique reçue dans la matinée n'a été publiée qu'à huit heures du soir.

» L'agitation, la stupeur étaient grandes dans la ville ; toute la classe bourgeoise était convaincue que si l'insurrection triomphait, même momentanément, Brioude serait livré au pillage.

» Le 26 juin, le sieur Faugère, investi des fonctions de maire, somme par écrit l'entreposeur de lui remettre les clefs de la poudrière. Sur le refus de ce fonctionnaire, un vu et approuvé fut mis au bas de la lettre du maire par le sous-commissaire.

» Récit des pourparlers qui se terminent par l'apposition d'un cadenas sûr ajouté à la serrure et dont la clef fut au maire.

» A la séance municipale du 26 juin des interpellations furent adressées à cette occasion au président, le sieur Faugère, qui répondit : « Vous êtes armés, le peuple veut l'être. Nous sommes sur un volcan, le moment décisif est peut-être prochain, cela dépend de ce qui se passe à Paris. » (Voir la lettre du conseil au commissaire du département, n° 9).

» A la même séance, une adresse a été votée par le conseil municipal à l'assemblée nationale, à la garde civique et à l'armée, sans l'assentiment du maire qui a quitté l'assemblée.

» Proclamation du conseil à la population dénoncée par le sous-commissaire au commissaire, qui a suspendu le conseil.

» Je le répète, l'insurrection de juin était connue ici plusieurs jours avant qu'elle n'éclatât. Le club de Brioude était initié à la révolte : ce qui ne permet pas de douter que les fils de la conspiration s'étendaient dans les provinces. Dieu seul sait les calamités qui étaient réservées à cette ville, sans le courage héroïque de la garde nationale et de l'armée.

» Lorsqu'on sut d'une manière positive que l'insurrection avait été comprimée, ces propos furent prononcés au club toujours en présence du sous-commissaire : « Vouons à l'exécration la commission exécu-
» tive, elle est cause du malheur du peuple. »

» Je dois vous dire que la bannière du club est semblable à celles saisies sur les barricades. C'est un drapeau surmonté d'une énorme écharpe rouge, sur lequel est inscrite cette devise : Vive la République démocratique et sociale !

« Ces ferments de discorde, ces excitations à s'affranchir du règne des lois n'ont pas tardé à porter leurs fruits.

« Le receveur des contributions indirectes a été obligé de se réfugier au Puy, et il n'est revenu à son poste que depuis environ un mois. Mais l'exercice de cette administration est toujours suspendu, en ce qui concerne la perception des droits sur les vins et les droits d'octroi. Il en est de même des impôts depuis les évènements de mai, les percepteurs ne touchent presque rien. Des procès-verbaux de rébellion ont été adressés par le receveur des finances au sous-commissaire qui les garde.

« Le curé de la commune d'Auzon a été chassé, celui de Collat, expulsé par le nouveau maire et quelques mauvais sujets, a cependant, grâce à l'intervention de la gendarmerie que j'ai envoyée sur les lieux plusieurs fois, repris ses fonctions. Celui de Bournoncle a été en quelque sorte déposé, à l'instigation de l'instituteur, par le nouveau maire, homme frappé d'une condamnation à l'emprisonnement pour rébellion. Ce magistrat, après avoir sommé par écrit le curé de quitter la commune, s'est emparé des clefs de la sacristie et de l'église, et malgré mes injonctions il les retient encore, soutenu dans cet abus de pouvoir par le sous-commissaire.

« Je vais me rendre sur les lieux et procéder à une information. Les huissiers n'exécutent plus qu'en tremblant les mandements de justice. Ils sont devenus l'objet des menaces les plus terribles et ne pourront bientôt plus procéder aux saisies sans l'assistance de la gendarmerie. Presque toutes les transactions sont suspendues.

« L'existence est devenue ici pour tous les bons

citoyens, si tourmentée, si sombre, que plusieurs mani-
festent l'intention de vendre ce qu'ils possèdent et
d'abandonner le pays.

« Je termine ce long rapport par un trait caractéris-
tique : c'est que l'administration est tombée dans le
club, que les actes les plus officiels, les plus secrets
lui sont livrés, sont lus et commentés dans cette assemblée, soumis à son contrôle, à sa sanction.

(Siège de la société au collège).

« Le Préfet vient enfin de nous arriver. Espérons qu'il
ouvrira les yeux, qu'il imprimera une nouvelle marche
à l'administration dans cet arrondissement, qu'il nous
enlèvera à l'anarchie qui nous mine, qu'il prendra la
seule mesure qui puisse frapper le mal au cœur : la
fermeture des clubs.

(Quelques lignes sans importance).

« Signé : LESUEUR. »

Ce réquisitoire, véritable libellé d'un fonctionnaire
qui ne devait pas tarder à être un ardent bonapartiste
et n'avait jamais été un sincère républicain, est un
tissu de mensonges ou d'exagérations volontaires d'un
bout jusqu'à l'autre. Nous y avons répondu en partie
sans l'avoir lu, sans le connaître, par notre lettre au
journal *la Haute-Loire*. Nous n'avons à ajouter en ce
moment que pendant tout le temps où je fus sous-
commissaire, Brioude jouit du calme le plus grand,
de l'ordre le plus parfait, et que si une bourgeoisie
hostile à la démocratie qu'elle avait dominée jusqu'à
l'avènement de la République, ne cessa de geindre,
de trembler, de dénoncer, de maudire le club et les
républicains, c'est que son irritation de ne plus rien
être lui avait fait perdre la tête... elle voyait rouge.

Il est absolument faux, d'autre part, que les impôts

eussent cessé un seul instant d'être perçus. Nous don-
nâmes, il est vrai, ordre aux percepteurs, qui pour la
plupart contre-révolutionnaires, exploitaient l'impo-
litique impôt des 45 centimes pour faire détester la
République, de ne pas exiger de ceux qu'on savait
n'être pas dans une position aisée, la rentrée de cette
surcharge, qui aurai dû peser sur les riches seuls,
mais nous invitâmes tous les citoyens à s'acquitter de
leur dette à la patrie.

Quoi qu'il en soit, cette dénonciation officielle était
de nature, à la suite des journées de juin, à nous faire
poursuivre comme fauteurs du complot de l'insurrection qui avait été noyée à Paris dans le sang du
peuple. Après la victoire, la répression avait été im-
pitoyable. Ceux des combattants pris, qui n'avaient
pas été fusillés furent déportés en masse sans jugement, et c'est le général Eugène Cavaignac, le frère
de Godefroi, nommé par l'assemblée affolée chef du
pouvoir exécutif, qui ayant pris ces mesures de pré-
tendu salut public que rien ne justifiait, en a assumé
devant Paris comme devant l'histoire la responsabilité.

Un de nos représentants de la Haute-Loire, M.
Charbonnel, fut tué sur une barricade ; on ne sait de
quel côté avait été tirée la balle qui le frappa, au
moment où il cherchait à arrêter l'effusion du sang
par l'appel à la concorde, à l'union. Tous les partis
pleurèrent sa mort, les démocrates de Brioude s'asso-
ciant à la cérémonie funèbre qui fut célébrée en son
honneur dans leur ville. C'était alors la seule manière
de rendre aux morts de tous les partis les derniers
devoirs.

A la suite de ces divers événements, je ne voulus plus conserver même de fait, non par intérim, les fonctions de sous-commissaire. M. Randoin ayant définitivement refusé la sous-préfecture de Brioude, j'écrivis le 5 août au préfet Richard, qu'avec *la position qui m'était faite, je croyais devoir me borner à expédier les affaires le plus promptement possible, sans donner ni explications ni avis, n'ayant plus à considérer le sous-commissariat que comme un bureau de poste,* tout d'ailleurs se faisant alors en dehors de moi. La réaction étant maîtresse de l'hôtel-de-ville par le conseil municipal, qui appuyé par les fonctionnaires de tous les ordres, me traitait en suspect et dénonçait au nouveau pouvoir son président aussi bien que le sous-commissaire.

M. Breaud, nommé le 15 août seulement sous-préfet de Brioude ne vint occuper son poste qu'à la fin du mois. Pendant ce temps je dus remplir les fonctions de sous-commissaire sans l'être, étant tout à la fois démissionnaire et révoqué. C'est en cette qualité que j'assistai à l'installation du nouveau conseil municipal, au milieu duquel je vins ensuite siéger.

Ce fut le 10 août que les conseillers municipaux élus le 31 juillet furent installés par le citoyen Moulin, second élu, en présence, dit le procès-verbal, de M. Amédée St-Ferréol, sous-commissaire. Ces membres, tous présents, étaient, dans l'ordre du tableau, MM. Amédée St-Ferréol, Moulin Antoine, cultivateur, Jean Faugère, Julien Lamothe, Charles Vidal, Jean Méry, boucher, Cheminard, libraire, Grenier-Ferrand, cultivateur, Charles Lhomme, horloger, Clément Béraud fils, mécanicien, Duclaux, limonadier, Souligoux (du Postel), Touchebeuf-Dixain, boulanger, Joseph Perrein fils, Allary fils, dit Fourot, cultivateur, Tourette-Auvernat, cultivateur.

Dans la séance suivante le conseil nomma les citoyens Jean Faugère, Grenier, Souligoux, Béraud et A. St-Ferréol membres d'une commission chargée de rechercher les abus qui pourraient s'être introduits dans le service de l'octroi. Il arrêta que les droits d'octroi sur les boissons seront abaissés et n'excéderont pas ceux d'entrée perçus par l'Etat, qui avait fait un acte de justice en déclassant notre département et diminuant ainsi l'impôt qui pesait sur le vin. Ces mesures témoignèrent de l'intérêt que portaient les nouveaux conseillers républicains à la classe laborieuse, la plus nombreuse et sur laquelle pèsent le plus lourdement les impôts de consommation, la diminution du droit d'octroi étant la conséquence naturelle du dégrèvement d'impôt dont le département avait été l'objet, en passant de la troisième dans la deuxième classe, ainsi que je l'ai rappelé plus haut.

Par la diminution de 15 centimes aussi sur les droits d'octroi, nos vignerons de Brioude étaient donc dégrevés du septième environ de l'impôt sur leur récolte de vin. Une amélioration d'un autre genre mais très avantageuse sous tous les rapports, autant aux propriétaires de vignes qu'aux employés de la régie, fut bientôt réalisée, ce fut la suppression de l'exercice qui se faisait dans les caves des populations. Ayant, avec Souligoux, du Postel, grand faiseur de projets souvent impossibles mais où il y avait parfois du bon, étudié la question, je proposai et fis adopter le remplacement de l'exercice, cause toujours permanente de vexations, de récriminations, de conflits, de procès-verbaux, par l'abonnement de la ville avec la direction des contributions indirectes. Ce fut le 23 septembre que, sur le rapport de Souligoux, l'abonnement fut adopté et l'exercice supprimé. C'est sur les bases alors arrêtées que la ville rachète encore aujourd'hui ses droits d'entrée, calculés après inspection des vignes par la régie et d'un commun accord avec elle, proportionnellement au rendement d'une récolte complète de 30,000 hectolitres, quantité qui a été dépassée une seule année, et le recensement des vendanges fait aux entrées de la ville. La première année ce furent les conseillers municipaux eux-mêmes, pour éviter toute contestation, toute injustice ou erreur, qui présidèrent à cette opération. Depuis ce moment, les habitants et les employés des contributions indirectes ont vécu en bonne intelligence. Le cri *à bas les rats* a cessé de retentir dans nos rues et il n'y a que les bouchers qui supportent avec impatience, comme ils l'ont toujours fait, les taxes d'abattage et d'octroi sur les animaux de boucherie.

Au mois d'août avaient eu lieu les élections pour le Conseil général. Les républicains m'avaient offert la candidature, les réactionnaires portaient M. Mallye père. Le nombre de votants était de 1980, j'obtins 1693 voix. M. Mallye n'en recueillit que 261. Pour le conseil d'arrondissement nos candidats étaient Cheminard, bientôt transfuge, et Jean Faugère. Ils furent élus sans concurrents avec le même nombre de voix à peu près.

# CHAPITRE VII

## LES HOMMES DE LA RÉACTION BOURGEOISE

La Révolution de février avait été accueillie avec enthousiasme à Brioude, par les classes laborieuses, qui ayant conquis leurs droits politiques par le suffrage universel, ne devaient pas tarder à dire, comme le tiers-état en 89 : qu'est-ce que le peuple? rien ; que doit-il être? tout ! La bourgeoisie qui avait lutté avec tant d'énergie, tant de persévérance contre les comtes du Chapitre de Saint-Julien, seigneurs temporels et spirituels de la ville et comté de Brioude, semblait avoir remplacé les anciens comtes, ayant seule par le cens, par la fortune, par l'instruction, les privilèges et les avantages du pouvoir, de l'autorité.

La propagande républicaine faite dans les clubs par la parole, dans la presse par les feuilles populaires répandues à profusion, ne tarda pas à faire connaitre aux populations si intelligentes de notre arrondissement, leur force comme leurs droits ; et elles montrèrent dans les diverses élections qui se succédèrent, qu'elles voulaient être représentées à la commune, au conseil général, à l'assemblée nationale, par des citoyens résolus à faire triompher cette République que Jean Guettré, de Pierre Dupont le chansonnier populaire d'alors, comme l'avait été Béranger sous la Restauration et la monarchie de Juillet, appelait la *République des paysans*. Ce fut la principale cause de la scission qui éclata alors entre les paysans et les bourgeois, dont le plus grand nombre se jetèrent d'ailleurs à corps perdu dans la réaction, irrités de ne plus pouvoir rien être.

Le mouvement démocratique fut loin d'être aussi profond dans les autres arrondissements, moins éclairés, où le clergé avait une grande influence. Aussi, l'arrondissement de Brioude s'étant placé tout d'abord à l'avant-garde du parti républicain, y est resté depuis, laissant loin derrière lui les arrondissements du Puy et d'Yssingeaux, qui, ne marchant pas du même pas, se laissèrent trop souvent dominer, diriger par les ennemis de la République, les partisans ouverts ou cachés des dynasties déchues ou des prétendants en herbe. Cela se vit aux élections pour le conseil général, où chaque canton votait isolément, et même aux élections pour les assemblées électives, où les trois arrondissements votant ensemble au scrutin de liste, les votes de celui de Brioude furent presque toujours annihilés par ceux des autres.

Dans le premier conseil général élu après la Révolution de février, la majorité fut ultra-réactionnaire. Seuls, dans notre arrondissement, les cantons de Brioude, de La Chaise-Dieu et de Blesle élurent des conseillers républicains.

Les membres du conseil étaient, pour l'arrondissement de Brioude : MM. Amédée St-Ferréol (Brioude), Auguste Lamothe (Auzon), le Dr Francisque Maigne

(Blesle), Pellet (La Chaise-Dieu), Pissis (Langeac),
Romeuf Barthélemy (Lavoûte-Chilhac), Louis de
Romeuf (Pinols);

Arrondissement du Puy : MM. Grellet (Allègre),
Chouvy (Solignac), André (Fay-le-Froid), Armand
(St-Paulien), Jules de La Batie (Vorey), St-Germain
(Saugues), Laroulle (Monastier), Dugone (Le Puy),
Calemard Lafayette (Le Puy), Faucon (Craponne),
Peyret (Cayres);

Arrondissement d'Yssingeaux : MM. le Dʳ Char-
reyre (Yssingeaux), de Lafressange (id.), de Mars
(Tence), Duchayla (Monistrol), Mathieu (Bas), de
Bronac (St-Didier-la-Séauve).

Dans la seconde session, M. Auguste Lamothe
étant décédé, fut remplacé par M. Mandaroux-Vertamy, avocat à la cour de cassation et légitimiste.

Les républicains étaient les conseillers Pellet,
Francisque Maigne, Chouvy, Grellet, St-Ferréol,
Charreyre, André; les douteux, MM. Dugone, Duchayla, Faucon, Peyret. Les autres étaient des bonapartistes, des orléanistes ou des légitimistes.

La première session fut très courte. Elle aurait été
insignifiante, s'étant en quelque sorte bornée à la
composition du bureau, si les réactionnaires n'avaient
pas voulu mettre en accusation pour ainsi dire l'arrondissement et le sous-commissaire de Brioude, en
renouvelant les attaques répandues contre lui par
la bourgeoisie de Brioude et le journal de *la Haute-
Loire*.

MM. de La Batie, Poral, Pissis, Mathieu, présentèrent une motion tendant à faire déclarer que l'arrondissement de Brioude était en pleine anarchie,

et que le sous-commissaire devait être rendu responsable des troubles et désordres qui y régnaient. Le préfet Richard, du *National,* c'est-à-dire peu sympathique aux démocrates Montagnards ou socialistes, mais républicain, s'opposa avec beaucoup d'énergie à l'adoption de cette motion. Il déclara que l'ordre n'avait pas été troublé dans l'arrondissement de Brioude aussi gravement qu'on le prétendait, et que représentant du gouvernement, il aurait un bras de fer pour réprimer toutes les atteintes portées à la paix publique comme à la stabilité du gouvernement républicain.

Je protestai moi-même vivement contre les dénonciations calomnieuses répandues contre mes amis et moi, et mis mes accusateurs au défi de prouver un seul fait qui pût justifier leurs attaques. La discussion ayant eu lieu à huis clos, car la majorité avait refusé de rendre les séances publiques, la proposition ne fut pas défendue et fut repoussée au scrutin secret par 18 voix contre 8. Cet incident n'a pas été, chose étrange, consigné dans le procès-verbal des délibérations. Est-ce par la faute du préfet ou du secrétaire du conseil? je l'ignore.

Dès ce moment, M. Richard dut être tenu pour suspect par les ultra-réactionnaires. Bien que dans sa tournée de révision il descendît à Langeac chez M. Pissis, fût en soirée chez M. Lamothe, de Frugère, il ne tarda pas à être révoqué, et malgré une pétition des habitants du Puy, remplacé. Notre sous-préfet, Bréaud, fut accusé de l'avoir dénoncé. Il en était bien capable. Ce fut à Brioude qu'il apprit sa révocation, comme plus tard M. Labordère.

Ce fut en novembre que s'ouvrit la deuxième session. M. Richard avait été révoqué comme trop avancé, quoique cavaignaquiste, et devait être remplacé par M. Serrurier, après que M. Lecureux, un républicain de la veille, d'abord désigné, eut refusé une permutation qu'il considérait comme une disgrâce, étant préfet de la Marne, croyons-nous.

M. Chouvy, cousin de mon ancien collègue à la Législative, assista aux séances en qualité de préfet. Il se contenta de présenter le rapport d'usage sur les affaires du département ; crut cependant devoir demander l'ajournement d'une proposition faite par M. Poral, dénonçant les clubs où, au Puy, on aurait crié : à bas le commandant de la garde nationale ; et à Langeac organisé un charivari contre le préfet Richard. Cette proposition était ainsi conçue : « Le conseil général demande qu'il soit pris des mesures pour que la surveillance des clubs par l'autorité ne soit pas éludée. » Malgré les dénégations de plusieurs membres affirmant que les faits allégués sont faux, et de l'insistance du préfet par intérim Chouvy, pour qu'on lui laissât le temps de faire une enquête, la proposition fut adoptée par 16 voix contre 7 sur 23 votants, après que le huis clos ayant été voté, la salle fut évacuée.

Dans la même année, il y eut, indépendamment de la réunion extraordinaire dont nous venons de parler, deux sessions. La première en octobre 1848, eut lieu, on l'a vu, pendant que M. Richard était encore préfet. Bien qu'aucune question irritante ne fût en discussion, la majorité réactionnaire, sous la présidence de M. Louis Romeut, décida par 16 voix

contre 10 que les séances se tiendraient à huis clos.
Les réactionnaires avaient peur du public. Les motifs
donnés furent qu'il fallait obéir à l'esprit plutôt qu'à
la lettre de la loi, qui avait décrété la publicité des
séances en laissant aux membres le droit de réclamer
le comité secret.

Les jésuites, on le voit, dominaient dans cette
assemblée départementale.

Un mois environ après les élections pour les conseils généraux, eut lieu dans la Haute-Loire l'élection
d'un député en remplacement de M. de Charbonnel,
tué, nous l'avons dit, sur les barricades. Son frère,
l'abbé de Charbonnel, et M. Mandaroux-Vertamy,
avaient eu d'abord l'idée de se mettre sur les rangs.
Ils durent se retirer devant le général Rullière, qui,
appartenant à l'arrondissement du Puy, pouvait in-
voquer les services qu'il avait rendus à l'ordre, à la
famille, à la religion, en faisant réprimer sous Louis-
Philippe une émeute à Toulouse (ou Grenoble) à
coups de fusil. Ce n'était point le cas de dire *cedant
armæ togæ*. Il était appuyé par tout le parti réa·tion-
naire.

Aucun de nos amis des arrondissements du Puy et
d'Yssingeaux ne voulut engager la lutte avec lui. Je
dus me sacrifier, ne voulant pas que le parti républicain semblât s'avouer vaincu avant le combat. J'étais
bien certain en effet de ne pas être élu, me présentant seul, alors que quelques mois avant, la liste républicaine où mon nom se trouvait avec ceux des candidats républicains des arrondissements du Puy et
d'Yssingeaux, n'avait pu triompher. Je donnai donc
mon nom et me contentai d'aller avec Bardolet faire

au Puy et à Yssingeaux, une visite aux hommes influents de notre parti. Je fis distribuer mes bulletins
et adressai aux électeurs le manifeste que voici :

LIBERTÉ, ÉGALITÉ, FRATERNITÉ

A NOS CONCITOYENS DE LA HAUTE-LOIRE

« Citoyens,

« Socialiste comme le représentant qui avait demandé que les riches consacrassent le cinquième de
leurs revenus à donner du travail à ceux qui n'en ont
pas, j'irai comme lui siéger au milieu des démocrates qui veulent arracher le peuple à la misère, à
l'ignorance, à l'asservissement, par une meilleure
organisation du travail, par l'éducation gratuite et
commune, par de bonnes institutions politiques et
sociales ; comme lui je resterai jusqu'à la mort dévoué
à la cause des travailleurs. Je peux donc aspirer à
l'honneur de remplacer à l'Assemblée nationale le
citoyen Charbonnel, tombé sur les barricades de la
faim.

« Je n'appartiens pas à l'arrondissement d'Yssingeaux, mais qu'importe? La République de 1848
n'a-t-elle pas effacé les divisions, les rivalités d'arrondissements, comme notre grande Révolution les privilèges, les rivalités de provinces? Et s'il en était
autrement, l'arrondissement de Brioude, qui n'a aucun de ses fils à l'Assemblée nationale, n'aurait-il pas
seul, aujourd'hui, le droit de nommer un représentant? Aujourd'hui d'ailleurs, j'aime à l'espérer, je
peux compter encore sur le concours des républicains
qui ont appuyé ma candidature aux dernières élections.

« Mais en venant de nouveau solliciter vos suffrages, j'obéis surtout à un devoir politique ; car c'est

alors que la réaction éclate de toutes parts en audaces, en violences, que je veux, que je dois plus que jamais porter haut et ferme dans nos montagnes le drapeau de la République démocratique et sociale.

« Les accusations de tous genres portées contre les démocrates ne m'effrayent pas.

« Nous avons pour nous le droit, la vérité, la justice ; nous avons avec nous ceux qui souffrent, ceux qui espèrent, ceux qui veulent que les révolutions faites par les peuples soient faites pour les peuples ; nous aurons pour nous Dieu toujours, la France, le monde demain.

« Pour ne pas laisser toutefois dénaturer mes opinions par ceux qui attaquent le *socialisme*, sans le connaître ou sans le comprendre, je répéterai avec mes frères de Brioude poursuivis comme moi par la réaction : « Nos ennemis ont menti, quand ils ont dit « que nous étions des communistes, des anarchistes « et des athées. »

« Avec eux aussi je dirai pour toute déclaration de principes :

« Dieu, patrie, humanité : voilà notre foi religieuse. Liberté, égalité, fraternité : voilà notre loi politique. Propriété, famille, travail : voilà notre loi sociale ; association volontaire et solidarité, suffrage universel et direct, enseignement national et républicain : voilà nos moyens. »

« Et je suis aujourd'hui ce que j'étais hier ; et ce que je voulais, je le veux encore.

« Que s'il peut être utile d'écarter ici le vague des généralités, j'ajoute : Représentant du peuple, j'aurais, à l'Assemblée nationale, voté avec mes amis Bravard et Breymand, avec la minorité, contre la mise en accusation des citoyens Caussidière et Louis

Blanc ; j'aurais, par respect pour la liberté de la presse, pour la liberté d'association, pour la liberté individuelle, repoussé le décret sur le cautionnement, sur les clubs, sur les attroupements ; comme je repousserais, pour le salut de la République, le véto, les deux Chambres et, à notre époque de prétendants, la présidence d'un seul. J'aurais appuyé le rachat des chemins de fer ; les demandes de subventions en faveur des invalides du travail, en faveur de l'agriculture ; j'aurais appuyé les concordats amiables, comme aussi j'appuierais tout décret, toute loi ayant pour but la diminution des taxes qui pèsent sur les objets de première nécessité, sur les boissons, sur le sel, sur le peuple ; comme j'appuierais la substitution de l'impôt progressif sur le revenu à l'impôt proportionnel, la réforme hypothécaire, l'organisation du crédit public, l'abolition du remplacement militaire, la consécration du droit au travail, à l'éducation gratuite, à l'assistance.

» Pour la liberté, pour le bonheur, pour la gloire de la patrie, j'appuierais, enfin, et je demanderais au besoin, les trois grandes mesures que le peuple attend, la cessation de l'état de siège, l'amnistie, l'intervention quand même en Italie *pour la défense de la République romaine*.

» A vous, citoyens, qui partagez mes vœux, mes espérances, mes principes, de me confier, si vous m'en jugez digne, la glorieuse mission d'aller vous représenter à l'Assemblée nationale.

» Salut et fraternité.

» Amédée St-Ferréol.. »

» *Brioude, 30 août 1848.* »

Le résultat du scrutin fut : votants, 19,350 ; le général Rullière, 10,232 (élu) ; A. St-Ferréol, 6,103 ;

Charles Calemard Lafayette, 4,324 ; Duchayla, 643 ;
Just-Fay de Maubourg, 428. Dans l'arrondissement de
Brioude, j'avais obtenu 4,995 voix ; le général Rullière en avait eu 1,663 ; Calemard Lafayette, 58 ; de
Maubourg, 3 ; Duchayla, 1. Les suffrages dans le
canton de Brioude s'étaient ainsi partagés : votants,
2,307 ; A. St-Ferréol, 1,850 ; général Rullière, 408.
En revanche, le Puy avait donné, 4,073 suffrages à
M. Calemard Lafayette, Yssingeaux 4,723 au général
Rullière. Les voix données à M. Calemard Lafayette,
demi républicain maintenant, étaient en partie républicaines, ce qui devait faire espérer un succès
aux prochaines élections, Brioude donnant, malgré
Yssingeaux, la majorité aux candidats acceptés par
le Puy.

La réaction avait été aplatie par nos électeurs de
Brioude. Cela ne l'empêcha pas de relever la tête et
de se venger de ses défaites, aussitôt que le sous-
préfet Bréaud avait été installé à la sous-préfecture.

Ce fut le 23 août qu'en prit enfin possession ce
fonctionnaire, qui avait débuté dans la vie adminis-
trative et politique on ne sait où, et devait terminer
sa carrière dans une prison, non comme détenu
cependant, mais comme geôlier, sous le nom de *directeur*. C'était un homme selon le cœur et l'esprit
de la réaction, déjà toute puissante. Il n'y a que
Tony Rochette, qui, sous-préfet au coup d'État,
l'a dépassé dans les mesures de répression, d'arbitraire, de violence prises contre les républicains.
La ville n'a connu, sans parler de Rochette, que deux
autres sous-préfets aussi justement détestés ou mé-
prisés que lui, MM. de Champvant, sous-préfet sous

l'empire, et Bellot des Minières, sous-préfet de l'ordre moral.

Notre bourgeoisie accueillit le Bréaud comme un sauveur. Les fonctionnaires de tous genres se mirent à plat ventre devant lui. La receveuse des postes, M<sup>lle</sup> Pétetin, sœur d'un républicain de la veille, passé en cavaignaquisme le plus ardent, avait gardé jusqu'à son arrivée les lettres officielles qui m'étaient adressées comme sous-commissaire, ainsi que les autres. Elle savait qu'en agissant ainsi illégalement elle acquerrait des titres aux faveurs du pouvoir.

Les dénonciations devinrent de plus en plus fréquentes; tous ceux qui à un titre quelconque donnaient leur concours à la consolidation, au développement de la République, étaient signalés comme des suspects. Bardolet, le professeur de philosophie, si intelligent, si instruit, qui devait sous l'empire faire jouer une pièce militaire à Paris, ne dut qu'aux protestations du conseil municipal, de ne pas être enlevé à ses élèves qui l'aimaient, et dont il savait faire des bacheliers. Il avait eu le malheur d'être un des créateurs de notre club. C'était un sieur Caritte, professeur de mathématiques, qui l'avait accusé hautement d'avoir soulevé contre un grand nombre de citoyens de Brioude, des haines et des divisions qui rendaient sa présence au collège dangereuse et capable d'entraîner la ruine de cet établissement. Cet individu fut impliqué un moment, on ne sait ni pourquoi ni comment, dans le complot de Marseille, mais ne fut pas inquiété. Le conseil municipal, que Jean Faugère présidait depuis le départ de Jules Maigne, et dont Joseph Perrin était le secrétaire habituel, obtint non sans peine l'avancement de Tabouret, dont le zèle, le dévouement, la capacité étaient appréciés de ses concitoyens. On le laissait, pour ses opinions aussi, à perpétuité dans la classe de 6°, étant regardé comme moins dangereux cependant que Bardolet.

Dans le mois de septembre, tous les instituteurs de l'arrondissement reçurent l'ordre de se rendre à Brioude, et, à l'exception de Roche, dit *tambour*, instituteur à Ste-Florine, passé déjà à la réaction, vinrent tous, ne pressentant pas la punition qui devait leur être infligée, toujours à cause de leurs opinions. Dix-neuf reçurent un blâme et une réprimande sévères. Deux, Porte, instituteur à l'école mutuelle de Brioude, et Ramain, maître de la classe primaire au collège, furent suspendus pour un mois comme ayant assisté aux réunions du club. Dix-sept autres le furent pour un temps plus ou moins long. Les juges étaient MM. Neyreneuf, principal ; Thomas, Tony Rochette, Talayrat.

Ces poursuites pour cause de républicanisme produisirent la plus mauvaise impression dans nos contrées.

En octobre, une administration municipale régulière fut donnée à Brioude, par un décret qui nommait maire, Julien Lamothe : adjoints, Jean Faugère, Beraud aîné. M. Bréaud vint les installer à l'hôtel-de-ville. Julien Lamothe étant absent, les conseillers protestèrent contre cette installation. Le sous-préfet passa outre, déclarant que l'installation résultait de l'arrêté de nomination.

Après son départ, le conseil nomma une commission chargée d'organiser une salle d'asile, et qui fut composée de MM. Amédée St-Ferréol, Vidal, Perrin, Lamothe Julien. C'est la chapelle du collège qui fut d'abord désignée pour recevoir les enfants de l'asile. L'autorité supérieure, voyant sans doute là une atteinte à la religion, refusa de laisser transformer en école un édifice consacré au culte.

Bombardé maire sans avoir été prévenu, Julien Lamothe n'assista plus aux séances du conseil, qui fut présidé par l'un des deux adjoints, Jean Faugère ou Beraud aîné. Il dut refuser ensuite de remplir les fonctions de maire, voici par quels motifs : Le parti républicain tout entier, comme le nouveau conseil municipal, estimaient que l'écharpe de maire devait être donnée à Jean Faugère, qui avait depuis plusieurs mois dirigé l'administration avec autant de fermeté que d'intelligence. Seulement, Jean Faugère était considéré par la réaction, aux ordres de laquelle était le nouveau sous-préfet, M. Bréaud, comme un révolutionnaire ardent, un républicain intransigeant, dont la bourgeoisie avait peur. Son neveu, Julien Lamothe, lui fut préféré, parce qu'il était d'opinions beaucoup moins accentuées, et, à cause de son caractère un peu sournois, de ses relations de ville, de ses dispositions à être bien avec tout le monde, paraissait devoir être de meilleure composition.

Nous avions parfaitement compris le but de sa nomination ; aussi une opposition très vive se manifesta lorsqu'elle fut connue. Beraud déclara qu'il donnait sa démission, si elle était maintenue. Enfin, je fis comprendre à Julien Lamothe, d'ailleurs fort hésitant et ne voulant pas se séparer de nous, qu'il ne pouvait accepter une fonction qui aurait dû revenir à son oncle. Il donna sa démission ; et comme la sous-préfecture ne trouvait plus dans le conseil personne qui fut jugé bon à faire un maire agréable à ses affidés, la municipalité resta longtemps sans chef.

Ce fut pendant cet intérim qu'eut lieu la campagne des bonnets rouges. Lorsque furent plantés les arbres de liberté sur nos places, nous les avions couronnés du bonnet phrygien, symbôle de liberté. J'avais placé sur la cîme du peuplier du Postel, celui avec lequel j'étais allé au bal masqué de l'Odéon, après 1830. Ces emblêmes étaient, après les journées de Juin, devenus séditieux, comme allait le devenir plus tard le chant de la *Marseillaise*.

A l'instigation du sous-préfet Bréaud, poussé par les Rochette oncle et neveu, Adrien de Torsiac légitimiste, les Paul Maigne et les Mallye, des bourgeois du cercle de l'*Union*, le commissaire de police Pons, le ponot, assisté de son agent, Pierre, dit *Mignard*, enlevèrent de nuit les bonnets rouges, en mutilant les arbres de liberté. Le citoyen Jean Faugère, faisant fonctions de maire, suspendit provisoirement de ses fonctions le commissaire de police et révoqua l'agent de police. Aussitôt parut un arrêté du préfet Serrurier, qui cassait l'arrêté du maire et accordait une gratification de cent francs au commissaire de police, de 50 francs à l'agent de police, pour leur belle conduite. Le conseil municipal ayant reçu communication de ces faits, le 18 janvier 1849, ne put qu'inviter le maire à nommer immédiatement un agent de police en remplacement de celui qui avait été revoqué.

# CHAPITRE VIII

## LOUIS-NAPOLÉON PRÉSIDENT DE LA RÉPUBLIQUE

La fin de l'année 1848, qui à son début avait vu l'effondrement de la monarchie, fut marquée par un événement qui devait amener la chute de la République. Ce fut l'élection de Louis-Napoléon à la présidence de la République. Le neveu de son oncle, comme on l'appelait alors, n'était connu en France que par ses échauffourées de Strasbourg et de Boulogne où, avec son aigle empaillé il avait joué un rôle si piteux ; et malgré son livre socialiste sur les idées napoléoniennes, il n'était pas populaire dans les classes ouvrières. Il allait bientôt le devenir. Lorsque l'Assemblée constituante, après avoir proscrit la dynastie d'Orléans, eut ouvert les portes de la France aux Napoléons, croyant que l'aigle se brûlerait les ailes au soleil de la liberté, le fils de la reine Hortense et du hollandais Verhuel put conspirer impunément dans l'ombre contre la République, qu'il devait noyer dans le sang, tout en lui ayant juré serment et fidélité.

Perdu de dettes, avide de pouvoir, il ne devait reculer devant rien pour refaire, conquérir, avec la fortune et le pouvoir, le trône d'où la Sainte-Alliance avait renversé le chef de sa dynastie, et sut exploiter avec l'habileté machiavélique d'un italien et la ténacité d'un hollandais, la légende napoléonienne qui avait laissé tant de traces dans les populations des campagnes, oublieuses des maux qu'avait faits l'empire. S'entourant d'une bande de coquins et d'ambitieux à jeun, pressés de jouir, n'attendant qu'une occasion pour satisfaire leur soif de richesses, d'honneurs, de plaisirs, il semblait, même lorsqu'il eut été nommé représentant à l'Assemblée constituante par plusieurs départements, n'avoir ni les capacités, ni les visées, ni les audaces d'un chef de parti. Nouveau *taciturne*, dont l'accent étranger, la parole embarrassée, l'attitude hésitante prêtaient à rire, il n'était regardé comme dangereux par aucun parti de l'assemblée, et personne ne songeait qu'il pût devenir le chef de l'Etat.

Cela fit que malgré les éloquentes protestations de Jules Grévy, prédisant qu'avec un président élu par le suffrage universel la République allait se donner un maître, la Constituante décréta que le peuple serait appelé à nommer directement le président de la République. Elle avait été entraînée surtout par Lamartine, qui s'était imaginé, à cause de sa popularité dans les premières journées de la Révolution et ses multiples élections, devenir cet élu du pays, et prononça en terminant son discours le mot fameux *alea jacta est*. La majorité républicaine se croyait assurée du triomphe du général Cavaignac, alors l'homme de la bourgeoisie et même du clergé, qui, à la suite des journées de Juin, avait salué en lui le sauveur de la société.

Lorsque la période électorale fut ouverte, tous les partis se choisirent un candidat. Les républicains modérés, formalistes, portèrent le général Cavaignac; les républicains démocrates, Ledru-Rollin ; les républicains socialistes, Raspail ; les réactionnaires de toutes couleurs, Louis-Napoléon. A Brioude, nous adoptâmes la candidature de Raspail, proposée par un comité dont les membres étaient Proudhon, Pierre Leroux, Barbès, Cabet, Raspail, Lagrange, Caussidière, d'Alton Shée. Nous adressâmes aux électeurs le manifeste suivant, qui explique les motifs qui nous dictèrent ce choix :

A NOS FRÈRES DE LA HAUTE-LOIRE

« Citoyens,

» Le président, c'est le roi... le roi de la République.

» Nous donc qui voulons la République sans anarchie, sans arbitraire, sans aristocratie, sans roi, nous avons regardé comme une atteinte à la souveraineté populaire, la présidence décrétée comme un hommage à cette souveraineté.

» Les peuples n'ont jamais le droit de se donner des maîtres.

» Mais l'Assemblée nationale a prononcé : à elle la responsabilité.

» Nous, démocrates, à l'œuvre ! la République est en danger. Si nous ne voulons pas un président qui tue la République, nommons un républicain qui tue la présidence.

» Le candidat de Paris, du peuple, c'est Raspail. Raspail, le prisonnier de Vincennes, le révolutionnaire en science comme en politique ; Raspail, l'en-

nemi des charlatans, des usuriers, des exploiteurs
du peuple, l'ami des travailleurs, des opprimés, des
malheureux.

» Démocrates! nommons Raspail.

» Les Montagnards de l'Assemblée nationale, une
partie de la presse démocratique et des républicains
de la veille portent Ledru-Rollin.

» Les bleus quasi-républicains et les bourgeois
quasi-dynastiques, les hommes d'affaires et les
hommes d'argent, les modérés furieux, les évêques,
les fonctionnaires, les satisfaits, les repus, votent pour
le général Cavaignac.

» Les bonapartistes qui ne croient pas à la mort
de l'empereur, et les carlistes qui croient aux reve-
nants, les fanatiques du clergé et l'aristocratie qui
espèrent à l'aide de la guerre civile et des révolutions
ramener Henri V sur le trône des Bourbons, les intrigants, les ambitieux, les roués, tous les ennemis de
la République proclament pour leur candidat M.
Louis Bonaparte.

» Chaque parti a son représentant, chaque idée
son drapeau.

» Louis Bonaparte, c'est la République monarchique, ou plutôt, c'est l'empire sans la gloire, l'empire sans l'empereur, c'est-à-dire le despotisme.

» Cavaignac, c'est la République bourgeoise, la
République de l'état de siège, de la suspension des
journaux, de la fermeture des clubs, des impôts écra-
sants, des condamnations sans jugement, des dépor-
tations en masse, c'est-à-dire l'arbitraire.

» Ledru-Rollin, c'est la République démocratique,
c'est-à-dire la liberté !

» Raspail, c'est la République démocratique et
sociale, c'est-à-dire la liberté, l'égalité, la fraternité,
l'association, la justice.

» Démocrates socialistes, nous n'avons pas à hésiter.

» Ceux que la France aime comme ses enfants les plus dévoués, les plus purs, les plus énergiques, ont confié à Raspail le drapeau de la vraie République.

» Et vous, nos frères des campagnes, n'écoutez pas ceux qui sont payés pour vous vanter les vertus civiques du général Cavaignac, ou pour vous dire que M. Louis Bonaparte fera le bonheur de la France.

» Cavaignac, qui a noblement fait son devoir en Afrique, a, en France, jeté Paris sous le régime du sabre, et, après avoir mis la main sur la liberté, il a passé à l'ennemi en livrant le gouvernement de la République aux anciens ministres de Louis-Philippe.

» Contre lui, du fond des pontons de l'Océan, s'élèvent les voix des proscrits.

» M. Louis Bonaparte est le neveu de son oncle... Voilà ses titres pour régner sur la France qu'il regarde comme sa propriété. Mais de l'héritage de Napoléon, ce qu'il laissera à la France, sachez-le bien, c'est la noblesse, la conscription et les droits réunis, ces fatalités de l'empire. Représentant du peuple, il a déjà sa cour, ses comtes, ses barons qui l'appellent *mon prince, mon altesse*; et, à l'assemblée nationale, il a voté pour le maintien du remplacement militaire qui fait peser sur le pauvre seul l'impôt du sang; il a repoussé l'organisation du crédit foncier qui, en permettant aux travailleurs de trouver toujours de l'argent à un faible intérêt, aurait arraché les campagnes à l'exploitation des loups-cerviers de la chicane et de l'usure.

» Et ceux qui vous disent qu'avec sa fortune perdue dans les aventures de Boulogne, de Strasbourg et de Londres, il rachètera vos dix-huit cent millions d'impôts, ceux-là se moquent de vous.

» Ils veulent vous donner un maître ; et aujourd'hui un maître, roi ou empereur, c'est la contre-révolution, c'est la ruine de la France.

» Citoyens, au nom de la Liberté, au nom de la République, ne portez sur vos bulletins : ni Cavaignac ni Louis Bonaparte.

» Et ne vous laissez pas arrêter par les menaces, les promesses, les calomnies.

» Aux jours des élections, vous êtes souverains.

» Ni vos maires, ni vos curés, ni les puissants, ni les riches, n'ont le droit de vous imposerleurs volontés.

» Vous n'avez à rendre compte de votre vote qu'à la patrie.

» Républicains, votre seul devoir c'est de nommer un républicain.

» S'il en est parmi vous qui ne veulent pas marcher à l'avant-garde de la démocratie ou dont les sympathies sont acquises au citoyen en qui s'était, pour ainsi dire, personnifiée la Révolution de Février, qu'ils nomment Ledru-Rollin.

» Orateur éloquent, républicain sincère, Ledru-Rollin a, l'un des premiers, proclamé la République, et il a organisé le suffrage universel.

» La République trouvera toujours en lui un de ses plus ardents défenseurs.

» Mais au pouvoir, Ledru-Rollin n'a pas été assez puissant pour faire le bien qu'il voulait faire, pour réaliser les réformes sociales que la France attendait, n'a pas été assez fort pour vaincre la réaction, pour s'opposer au mal, pour empêcher l'établissement, par exemple, de ce déplorable impôt des quarante-cinq centimes, dont malgré lui Garnier-Pagès et les bleus ont écrasé la France, et que M. Louis, malgré ses promesses, ne vous remboursera pas.

» Aussi, le peuple qui tient compte des intentions, mais n'entend plus se contenter de promesses, qui demande à ceux qui le servent des actes, des faits, et non plus des paroles, qui veut la République appliquée, le socialisme pratique : le peuple ne veut plus confier désormais l'œuvre de son affranchissement qu'à des ouvriers qui n'ont jamais failli à leur tâche.

» Et Paris, qui est par la pensée, par le cœur, par le bras, par l'inspiration, le véritable représentant de la France, Paris, la ville des révolutions fécondes, que les rois appellent la maudite, les nations la sainte, Paris va chercher, dans les prisons de la république bourgeoise pour en faire le président de la République du peuple, celui qui a déjà porté dans son donjon de Vincennes le mandat de représentant.

» Nous marchons, nous, avec Paris.

» Et vous, frères, qui voulez comme nous le triomphe de la République démocratique et sociale, consécration des droits du peuple, réalisation de ses espérances, vous qui voulez comme nous amener l'extinction de la misère et l'abolition du prolétariat, en affranchissant de la dîme féodale, de l'hypothèque et de l'usure, la propriété du travailleur appelé à goûter enfin le bonheur, au sein de la famille ; vous qui voulez comme nous protester contre la présidence, en donnant vos suffrages à un démocrate qui a souffert pour la liberté et servi, par ses travaux, la cause de l'humanité, votez comme nous ; et tous ensemble avec nos frères de Paris, nommons, aux cris de vive la République démocratique et sociale, notre candidat à la présidence, F.-V. RASPAIL, représentant du peuple, détenu à Vincennes.

> » *Au nom des démocrates de Brioude,*
>
> » MOCLIN, cultivateur ; Amédée ST-FERRÉOL, membre du conseil général ; BERAUD, ouvrier ; QUINTIN, ancien soldat de l'empire. »

Pendant la semaine qui précéda l'élection, toutes
les chances paraissaient être en faveur du général
Cavaignac. Mais, dans deux jours, le vent avait tourné.
Les prêtres avaient passé avec armes et bagages dans
les rangs du neveu de l'empereur, qui avait rendu au
clergé ses églises, ses traitements, son influence ; les
vieilles culottes de peau de l'empire avaient battu la
grosse caisse dans les campagnes, ameutées contre le
général Cavaignac, dénoncé comme étant du côté de
la bourgeoisie contre le peuple ; les ouvriers, les
paysans qui avaient, sous le chaume, si longtemps
parlé de la gloire du petit caporal, étaient revenus à
leur vomissement. Ce fut avec une telle frénésie, un
tel fanatisme que, dans certains départements, les
paysans votèrent pour Napoléon ; que, comme à St-
Flour et dans le Puy-de-Dôme, ils faillirent écharper
les électeurs qui avaient voté pour Cavaignac.

Un courant irrésistible porta Louis-Napoléon à la
présidence. Le suffrage universel avait, au scrutin du
10 décembre, donné à Louis-Napoléon sept millions
320,345 suffrages ; au général Cavaignac un million
448,107 ; à Ledru-Rollin 36,920 ; à Lamartine 17,600 ;
à F.-V. Raspail 13,926.

Brioude et les communes de St-Just et St-Ilpize
furent du petit nombre de celles qui avaient donné la
majorité à Raspail. Les voix étaient ainsi réparties
dans les communes suivantes :

|  | Raspail | Napoléon | Cavaignac | Ledru-Rollin |
|---|---|---|---|---|
| Brioude. . . | 1,287 | 282 | 271 | 44 |
| St-Just . . . | 310 | 16 | 9 | " |
| Lamothe . . | 208 | 327 | 12 | " |
| Bournoncle . | 111 | 300 | 20 | " |
| St-Ilpize. . . | 415 | 12 | 10 | 11 |

La Constituante de 1848 fut aussi pressée de s'en aller que celle de 1871 le fut peu. La première avait cependant été élue pour organiser la République. Après avoir fait la constitution, donné à la République un président, aboli l'esclavage, supprimé la peine de mort en matière politique et imposé les 45 centimes, elle se laissa persuader par un obscur député du centre qu'elle avait, comme Dieu le père, accompli son œuvre et pouvait se retirer.

Les journées de mai et de juin, où l'assemblée avait été envahie, la capitale ensanglantée par la guerre civile, avaient singulièrement refroidi, effrayé les républicains modérés, timides, qui, n'ayant pas une foi démocratique ou simplement républicaine bien enracinée, bien profonde, préféraient aux luttes parlementaires qu'ils voyaient n'être pas sans danger, le calme du foyer ; à la vie politique, pour laquelle beaucoup n'étaient pas préparés, la vie de famille. La Constituante fut balayée par ce qu'on a appelé un coup de *Rateau,* du nom de l'auteur de la proposition. Les élections pour la législative furent fixées au 13 avril.

Nous nous préparâmes à cette nouvelle lutte avec une ardeur nouvelle, et organisâmes partout des comités électoraux. Pour la première fois, nous parcourûmes le département, allant dans chaque canton, exposant notre programme, faisant connaître nos principes dans des réunions publiques. Breymand étant à Paris retenu par ses devoirs de représentant, ce fut avec Jules Maigne, Chouvy, Monnier et Chovelon que je fis cette tournée électorale. Dans presque tous les chefs-lieux de canton nous fûmes admirablement reçus. Les populations venaient au devant de nous, musique ou tambour en tête ; des banquets nous étaient offerts, et c'était en plein air, sous des arbres où flottaient des oriflammes tricolores, ou dans de vastes salles décorées de guirlandes de feuillages, de drapeaux, qu'au milieu des applaudissements nous prêchions la parole nouvelle et que notre candidature était acclamée.

Dans les arrondissements d'Yssingeaux et du Puy, où on m'avait fait une réputation détestable, les femmes, les hommes mêmes, qui s'imaginaient, sur la foi des journaux de la réaction, que j'étais un ogre de six pieds de haut, à la barbe rouge, déjeûnant de petits enfants et dînant de prêtres, étaient tout surpris de me voir tel que j'étais, un républicain dont la personne, l'attitude, pas plus que le langage ou les doctrines, n'avaient rien d'effrayant.

A Saugues et à Yssingeaux seulement, il nous fut impossible de nous faire entendre. Dans la première ville, une cohue de femmes, d'hommes, d'enfants, ameutés par les prêtres qui nous dénonçaient comme des hommes de sang, des partageux, nous barra la porte de la salle où devait avoir lieu la réunion publique, nous injuriant, nous menaçant de nous chasser à coups de bâtons ou de pierres si nous ne vidions pas immédiatement les lieux. Heureusement, notre ami Alphonse Limozin, alors adjoint de la commune, nous fit dégager par les gendarmes, qui se trouvant être de bons républicains, empoignèrent les plus forcenées de ces mégères cléricales et les mirent provisoirement au violon, où elles se calmèrent. Nous pûmes terminer paisiblement la journée dans l'hôtel où nous étions descendus; mais nous renonçâmes à faire de la propagande républicaine dans ce canton, qui est toujours resté plus ou moins inféodé au clergé.

La grenette ou halle d'Yssingeaux était pleine. Au moment où Jules Maigne commença de paraphraser, en l'expliquant, notre profession de foi, l'abbé Cartal, un énergumène de cette époque, s'avança devant l'estrade, et brandissant un énorme gourdin, fit des interpellations saugrenues et bruyantes pour troubler l'ordre et empêcher la foule de nous écouter. A peine avions-nous prononcé une phrase qu'il nous interrompit en hurlant plutôt que criant, entouré du groupe qui le soutenait de la voix et du geste. Malgré les protestations du reste de nos auditeurs, après une heure d'un tumulte effroyable, la séance dut être levée, et le perturbateur en soutane se retira au milieu des huées.

Après avoir été désignés comme candidats dans le comité central du Puy, nous rédigeâmes en commun et signâmes le manifeste électoral suivant, que nous répandîmes dans les campagnes où nous ne pouvions pas aller le développer.

« Nous soussignés, adoptés comme candidats des démocrates de la Haute-Loire à l'Assemblée Législative, déclarons adhérer sans restriction aucune au programme ci-dessous :

« La République est au-dessus des droits des majorités. Le jour où elle serait attaquée, les élus du peuple doivent considérer comme un devoir, un honneur, l'obligation de provoquer la résistance et de marcher aux premiers rangs.

» Mais pour que la République ne soit pas un vain

mot, pour que le suffrage universel, qui en est la première conquête, produise toutes ses conséquences, en s'exerçant dans toute sa sincérité, il faut que le peuple soit éclairé et libre.

» Et de là découlent les nécessités sociales et politiques :

» 1° *L'éducation nationale, gratuite et obligatoire,* tant générale que professionnelle, et par suite le rehaussement de la condition des instituteurs. Mais pour être obligatoire, l'instruction doit être mise à la portée de tous, c'est-à-dire que les écoles doivent se multiplier en proportion des besoins de chaque commune, de chaque section de commune.

» 2° *La liberté des cultes ;* l'inamovibilité des desservants, l'amélioration de leur sort et la suppression du casuel, dans l'intérêt de la religion elle-même.

» 3° *La liberté de la presse et d'association,* qui suppose la liberté de discussion dans les réunions populaires et dans les journaux, affranchis de toutes mesures préventives, comme l'autorisation, le cautionnement, etc.

» 4° *La liberté individuelle* garantie par une procédure publique et un jury d'accusation.

» 5° *La création de banques nationales,* mettant le crédit à la portée de tous, par la réduction progressive de l'intérêt, les facilités du prêt hypothécaire et l'application de la commandite aux associations agricoles et individuelles.

» 6° *L'association et la répartition de l'impôt, de telle sorte qu'il frappe progressivement le superflu avant d'atteindre le nécessaire ;* et par conséquent : l'abolition de tout impôt de consommation, tels que les octrois et la contribution sur le sel et les boissons, la suppression de la prestation en nature, la révision

des lois sur les patentes et les contributions person-
nelles et des portes et des fenêtres ; enfin, et pour augmenter les ressources de l'Etat, la création de l'impôt
sur le mobilier, c'est-à-dire sur les revenus de toute
espèce.

» 7° *La centralisation dans les mains de l'État* des
canaux et chemins de fer, et l'organisation de la solidarité entre les citoyens d'une même patrie, s'assurant
réciproquement contre la grêle, l'incendie, les épi-
zooties et tous les fléaux qui ruinent aujourd'hui ceux
qu'ils frappent dans leur isolement.

» 8° *L'augmentation des ressources de l'État* par
la restitution du milliard des émigrés, destiné plus
spécialement à rembourser les 45 centimes, à supprimer les impôts de consommation et à protéger la petite
propriété contre les écus qui, selon l'expression d'un
agriculteur célèbre, menacent de manger la terre.

» 9° *Comme condition essentielle à la liberté du
peuple*, le pouvoir exécutif émanant de l'Assemblée
nationale et subordonné à ses décrets ; les agents de
ce pouvoir responsables à tous les degrés ; l'élection
et le concours conférant désormais toutes les fonctions;
réduction de tous les gros traitements, augmentation
des petits et obligation d'un travail sérieux, afin que
les fonctions publiques cessent d'être un moyen de
corruption.

» 10° *La révision des lois de procédure,* pour arriver
à la justice gratuite.

» 11° *Le travail aux valides,* une retraite aux
invalides du travail par la création des institutions
de prévoyance.

» En assurant ainsi l'ordre intérieur par la justice
et le travail, la France pourra se livrer à ses traditions
glorieuses, et contribuer dans toute la mesure de ses

forces à l'affranchissement et à la pacification du monde.

» Que ses armées soient organisées dans ce but et non plus en vue d'une compression impie sur elle-même.

» Que tout français soit soldat de la liberté autant que de l'ordre intérieur ; que l'organisation démocratique de la force publique permette d'abréger la durée du service et rende désormais inutile la conscription et le remplacement militaire.

» Et quand.enfin l'Europe, affranchie des tyrannies qui la divisent et l'oppriment, pourra former une fédération amie, que l'armée soit réduite, que les dépenses qu'elle nécessite et les bras qu'elle enchaîne soient rendus à l'industrie, à l'agriculture, pour que tous les enfants de la grande patrie, après l'avoir sauvée par leur courage dans les combats, la couronnent d'une gloire plus pure, celle du travail et de la paix.

» A. BREYMAND, C. CROUVY, J.-C. CHOVELON, J. MAIGNE, J.-B. MONNIER, A. ST-FERRÉOL. »

Notre programme de cette époque diffère peu de ceux que dans tous les temps j'ai formulés, soutenus : il n'y a que sur la question religieuse que mes opinions se sont modifiées.

Après Février, admirateur enthousiaste de Robespierre, qui était glorifié dans l'histoire de Bucher et Roux, faisant alors autorité, pour ses doctrines philosophiques, religieuses, empruntées à la profession de foi du vicaire savoyard de J.-J. Rousseau, autant que pour ses actes politiques, j'étais purement et simplement déiste.

Plus tard, après les écrits de Pierre Leroux et Jean Reynaud, prêchant la renaissance de l'homme dans

les astres ou dans l'humanité, je devins panthéiste,
de l'école, non de Spinosa, mais d'Anakarsis Clootz,
l'apôtre du genre humain.

Maintenant, je laisse à chacun la liberté d'avoir ou
d'enseigner ses doctrines phylosophiques, métaphy-
siques, religieuses, et ne cherche plus à approfondir
ces questions de l'autre monde, dont jamais personne
ne dira le dernier mot, sondera les mystères. Toutefois, j'avoue que je crois à l'éternité de la matière, à
son renouvellement perpétuel, à ses forces organiques,
créatrices. Je pourrais être par conséquent rangé, en
fait, parmi les matérialistes.

En ce qui touche les rapports de l'Eglise et de
l'Etat, je n'admets plus, depuis longtemps, en théorie,
qu'une seule solution, c'est la séparation complète
de l'Eglise et de l'Etat, ce qui se résume dans cette
formule célèbre : l'Eglise libre dans l'Etat libre. C'est
donc le traitement, non le casuel des ministres du
culte qu'il faut supprimer, laissant à chacun le soin
de payer ses médecins de l'âme comme ses médecins
du corps. L'alliance de l'autorité religieuse et de la
liberté humaine est une chimère ; et on aurait beau
faire des prêtres des fonctionnaires grassement rétri-
bués, on ne parviendrait qu'à subventionner aux
dépens de ceux qui ne croient pas au dieu des chré-
tiens, des ennemis de la République ; ces ennemis
seraient d'autant plus dangereux que donnant gratis
leurs prières, leurs sacrements, leurs cérémonies, les
populations les plus nombreuses et les moins éclairées,
n'étant plus placées entre leurs intérêts et leurs habitudes religieuses, se laisseraient plus facilement encore
mener par ceux qui leur parlent au nom du bon Dieu.

La réaction et les républicains modérés avaient
opposé aux candidats radicaux une liste de candidats
parmi lesquels se trouvaient quelques-uns des représentants qui, aux élections de 1848, l'avaient emporté
sur nous, mais s'étaient complètement dépopularisés
par leurs votes, leur attitude à la Constituante, où ils
avaient siégé au centre.

C'étaient les républicains appartenant à la Montagne, ou prenant l'engagement d'en faire partie, qui
étaient acclamés. Les paysans, dans les campagnes,
chantaient la chanson des *Montagnards,* comme les
ouvriers, dans les villes, chantaient celles de Pierre
Dupont. Voici la première :

Air : *Drin, Drin !*

Bons villageois, votez pour la *Montagne ;*
Ce sont les dieux des pauvres vignerons,
Car avec eux, braves gens des campagnes,
Seront rasés les impôts des boissons.

*Refrain :*

Bons, bons vignerons,
Aux prochaines élections,
Il faut, campagnards,
Voter pour les montagnards.

Les *Montagnards* pour nous sont la lumière,
Drapeau du riche et de la pauvreté,
Car si les p'tits n'ont pas le nécessaire,
Pour tous les gros, plus de sécurité.

Ouvre les yeux, paysan on escamote
Les plus beaux fruits de ta riche moisson.
Tu sèmes, hélas ! c'est l'oisif qui récolte :
A lui la fleur et pour toi le gros son.

Bon ouvrier, tu construis pour ton maître
De beaux châteaux, de somptueux palais :

> Tu fais aussi des prisons pour t'y mettre,
> Car, tu sais bien, les gros n'y vont jamais.
>
> C'est encore toi, pauvre, qui fais la guerre.
> Tu forges aussi des fers au genre humain.
> A l'occasion, c'est toi qui tue ton père,
> Et bien souvent tu refoules la faim.
>
> N'écoute pas cette aristocratie,
> Qui convertit tes sueurs en écus ;
> Quand tu voudras, usure et tyrannie,
> En un seul jour, tout aura disparu.
>
> Quand l'élection sera démocratique
> Tous les impôts des pauvres ouvriers
> Seront payés dans notre République
> Par la richesse et par les gros banquiers.
>
> Dans tout hameau des banques agricoles
> Seront fondées pour toi, bon paysan ;
> Gratis aussi, vous aurez des écoles
> Et de l'argent à deux au plus du cent.

Chaque époque a sa chanson populaire. En 1830, on chantait *la parisienne* :

> Soldat du drapeau tricolore,
> D'Orléans, toi qui l'as porté.

En 1848, le chant des Girondins :

> Mourir pour la patrie :
> C'est le sort le plus beau,
> Le plus digne d'envie.

et toujours la *Marseillaise,* l'hymne de notre grande Révolution.

Les chansons de Pierre Dupont eurent un assez grand retentissement sous la République de Février. Elles n'eurent cependant ni l'influence ni la popularité de celles de Béranger sous la Restauration.

La candidature de Chovelon, d'une famille de cultivateurs qui, d'abord tâcheron, ensuite entrepreneur, était le représentant des paysans, avait été heureusement choisie par les comités démocratiques du département. Elle rallia à notre liste un grand nombre d'électeurs des campagnes. Ce fut d'ailleurs un excellent collègue, qui n'avait pas reçu une instruction brillante, ne payait pas de mine, mais avait beaucoup de bon sens, des opinions très fermes. C'était un choix bien meilleur que celui qu'avait fait l'arrondissement d'Yssingeaux, désignant pour son candidat M. de Chabron, de Monistrol, frère du général, qui, alors ardent socialiste, a fini presque en capucin.

Les élections se firent le 13, dans le plus grand ordre. En voici le résultat :

Républicains radicaux (tous élus) : Breymand, 24,991 voix ; Amédée Saint-Ferréol, 23,882 ; Chouvy, 23,714 ; Jules Maigne, 23,078 ; Chovelon, 23,225 ; Monnier, 22,084. Républicains modérés : le général Rullières, ministre de la guerre, 21,996 voix ; de Lagrevol, 18,826 ; Badon, 18,148 ; Auguste Avond, 9.294 ; Grellet, avocat, 6,990 ; Edmond de Lafayette, 4,544.

*Arrondissement de Brioude.* — Républicains radicaux : A. St-Ferréol, 12,248 voix ; Breymand, 12,180 ; Jules Maigne, 12,056 ; Monnier, 11,921 ; Chovelon, 11,906 ; Chouvy, 11,809. Modérés : de Lafayette, 1,277 ; Grellet, 871 ; les autres bien au-dessous.

*Canton de Brioude.* — A. St-Ferréol, 3,269 ; Breymand, 3,248 ; J. Maigne, 3,239 ; Chouvy, 3,212 ; Monnier et Chovelon, 3,208. Républicains modérés : de Lafayette, 1,044 ; Grellet, 42. (Les autres zéro.)

La liste radicale étant sortie, au premier tour de

scrutin, tout entière, dans un département comme la
Haute-Loire qui n'avait pas la réputation d'être des
plus avancés, nous crûmes que la majorité de la nouvelle assemblée nationale serait républicaine. Nous
fûmes bientôt détrompés. Sur les bancs de la nouvelle
Chambre, nous nous trouvâmes 150 républicains de la
gauche environ, contre plus de 500 des droites.

Dès ce moment, la République était menacée, au
moins dans ses institutions, ses tendances. Les républicains devaient s'attendre à soutenir de vives luttes
contre la réaction, et s'y préparer. La gauche revenait
divisée en deux groupes : celui de l'extrême-gauche,
qui avait pris le nom de *la Montagne,* et celui dit du
*National* ou des cavaignaquistes.

Dans le principe, il y eut entre ces fractions de
notre parti, sur un certain nombre de questions, des
dissentiments assez profonds. Dans la suite, bien
qu'ayant chacune leurs réunions particulières, elles
votèrent presque toujours ensemble. Le danger commun les avait rapprochées, presque réunies.

Je me fis inscrire, avec tous mes collègues de la
Haute-Loire, à *la Montagne,* dont Ledru-Rollin était
président. C'était rue du *Hasard* que nous nous assem-
blions.

D'après le règlement adopté sous la Constituante
par *la Montagne,* les décisions prises par la majorité
étaient obligatoires pour la minorité. Sur la proposition de Michel (de Bourges), que je vis alors pour
la première fois, chaque membre, quand une question
de principe lui paraissait engagée, restait libre de son
action après le vote. La discipline y perdait sans doute,
mais la liberté de conscience était mieux respectée.

En tombant de notre *Haute-Loire* dans Paris, où excepté Breymand nous ne venions pas souvent, nous éprouvions le besoin d'avoir entre nous le plus de relations possibles. Chouvy et Chovelon ayant laissé provisoirement leurs femmes dans leur famille, purent venir avec Breymand, Jules Maigne, Monnier et moi, manger à une pension de la rue Duphot, maison du Manège. Nous l'abandonnâmes bientôt, car on y était assez mal, mais pour revenir plus tard dans la même rue, dans la même maison ; nous y en avions trouvé une qui, sous tous les rapports, était excellente, et dont jusqu'à mon expulsion de France, j'ai été un des convives, ayant loué dans la maison un appartement charmant.

Dans l'intervalle, j'allais prendre mes repas, tantôt avec Félix Mathé, représentant de l'Allier, à la table d'hôte de Boain, rue Notre-Dame-des-Victoires, au premier étage de l'hôtel qu'avait habité Michel de l'Hospital, et où je vais encore quelquefois avec le fils de Mathé, mon collègue à la Chambre des députés , tantôt à l'entresol du marchand de vins Ledouble, où venaient quelquefois Proudhon et Grandmesnil, le doyen des révolutionnaires, ayant été condamné à mort sous Louis XVIII. Les habitués étaient mes collègues Brives, Pons-Tande, Benoît, Cholat, Bard et plusieurs écrivains ou rédacteurs de la *Réforme*, du *Peuple*, du *Vote universel*, Lorot, Gallo et Auguste Luchet entr'autres.

La pension Duphot, dont M<sup>me</sup> Guillebaut faisait les honneurs avec tant d'amabilité, de prévenance, était presque une réunion parlementaire. Nos convives ordinaires étaient mes collègues Joly, Bancel, Lasteyras, le docteur Moreau, Salmon (de la Meurthe), Chaix, Brives, Guilgot, Lamarque, Dain (le seul qui après le Coup d'Etat passa à l'empire, Breymand, Monnier, Laboulaye, Bouvet (de l'Ain), Marc de La Rigaudie, Rouet, Labrousse, Tamisier, et, quand ils étaient maris-garçons, Chouvy, Francisque Maigne, Chovelon. Nous parlions de tout et surtout de politique.

Quand il n'avait pas quelque nouvelle du jour à raconter, Joly tenait le *dé* de la conversation, comme partout, et chantait parfois des chansons de Pierre Dupont, ce qui avait fait passer dans l'hôtel, peuplé de réactionnaires, notre réunion dinatoire pour un club.

La députation de la Haute-Loire allait un jour par semaine, fumer le cigare ou la pipe et boire de la bière, alors que cela était interdit dans les cafés, à l'Estaminet Hollandais, où nous donnions rendez-vous à nos concitoyens du département.

Sous la législative, ce n'était pas pour solliciter des places qu'on venait nous trouver. Pendant les trois ans que nous avons siégé, nous n'avons jamais pénétré dans aucun ministère, jamais rien demandé à aucun ministre, sauf une autorisation, qui nous fut refusée par le ministre Faucher, celle d'aller voir à Belle-Isle nos amis les condamnés des rAts-et-Métiers. Nous n'avons jamais même fait partie d'aucune commission à la Chambre. En revanche, nous avions à dépenser en souscriptions, subventions aux journaux, secours aux familles des transportés, quêtes, dons manuels, contributions politiques, beaucoup plus d'argent qu'aujourd'hui.

A Brioude, quelques semaines après, le 22 mars 1849, les réactionnaires avaient enfin trouvé un maire de leur choix. Ils étaient tombés sur un homme aussi laid au physique qu'au moral, le sieur Cheminard, libraire, qui, bonapartiste à poils avant 1830, libéral rageur sous le règne de Louis-Philippe, devint après la Révolution de Février un des faiseurs de motions les plus colorées du club de Brioude. Ce fut lui qui dit qu'on devrait *abélarder* tous les prêtres.

Ceint de l'écharpe, qui lui allait comme à un singe, il se jeta à corps perdu dans la réaction avec les Gauthier, les Esbrayat, les Roumilhac, qui l'avaient suivi dans ses évolutions. Le jour de son installation, un orage s'éleva dans le sein du conseil. La convocation avait été faite illégalement. Le nouveau maire refusa de signer le procès-verbal constatant ce fait, et quitta la salle.

La situation s'aggrava à la séance suivante.

Tout fier d'être sanglé de la sous-ventrière, le maire Cheminard avait réintégré dans son service l'agent de police révoqué, signé des mandats pour des traitements supprimés par le conseil, fait exécuter des travaux de voirie sans convoquer la commission chargée de les surveiller.

Interpellé sur ces actes, le maire répondit que comme maire il était libre d'agir comme il l'avait fait.

Sur la proposition d'un des membres, le conseil, considérant que, dès son entrée en fonction, M. le maire se met en opposition directe avec le conseil, puisqu'il va contre ses vœux émis et ne tient pas compte de ses délibérations ; que la réintégration de l'agent révoqué est en quelque sorte provocatrice, etc.; déclare que M. le maire n'a pas sa confiance.

Le maire dit que ce vote de non confiance lui importe. Pour montrer qu'il se moquait du conseil et de la population, ce renégat fit effacer sur les murs des bâtiments publics, les mots de Liberté, Egalité, Fraternité.

Un pareil maire ne pouvait vivre avec un conseil municipal républicain. Ce fut naturellement le conseil municipal qui dut céder la place. Il fut dissous par un arrêté du président de la République en date du 14 mai. Le sieur Cheminard resta chargé par le sous-préfet Bréaud de remplir provisoirement les fonctions de maire. La ville était en de bonnes pattes.

Les élections pour le renouvellement du conseil municipal dissous, se firent le 15 août, à l'expiration des trois mois réglementaires, parce qu'on ne put se passer plus longtemps des mandataires légitimes du peuple.

En dépit des manœuvres de tous genres des fonctionnaires et de la bourgeoisie de plus en plus hostile à la République, tous les anciens membres furent réélus à une énorme majorité, à l'exception bien entendu de Cheminard, qui eut une centaine de voix, et fut remplacé par Cazin. Le scrutin avait donné aux citoyens Mérie, 833 voix ; St-Ferréol et Jean Faugère, 830 ; Perrein fils, 826 ; Beraud, 825 ; Moulin, 824 ; Tourette-Auvernat, 820 ; Allary-Fourot, 820 ; Grenier-Ferrand, 820 ; Julien Lamothe, 822 ; Chalier-Genton, 822 ; Trioullier-Anglisson, 820 : Charles Vidal, 820 ; Duclaux, limonadier, 824 ; Touchebeuf fils aîné, 824 ; Bayle-Courtet, 819 ; Cazin, maître d'hôtel, 820 ; Charles Lhomme, 816 ; Aubazat, 815 : Sadourny, 815 ; Marchet, sabotier, 810. — Liste réactionnaire : Thomas, juge, 195 ; Alfred Grenier, 190 ; Pradier-Faurot, 186 ; Tony Rochette, 192, et ainsi de suite en descendant.

Le citoyen Mérie, boucher, sorti le premier sur la liste, fut appelé à remplir provisoirement les fonctions de maire.

Peu de jours après, le sous-préfet Bréaud écrivait au maire pour l'inviter à remplacer dans sa correspondance ces mots *citoyen sous-préfet* par ceux-ci : *monsieur le sous-préfet,* disant qu'il était flatté autant que qui que ce soit du titre de *citoyen,* « mais que le mot *monsieur* est un titre de simple civilité, que les gens bien élevés se donnent réciproquement depuis un temps immémorial. »

Le conseil répondit par la délibération suivante :

« Le conseil, attendu que la formule républicaine, loin d'être impolie, renferme une appellation qu'on a le droit de refuser à beaucoup de ceux que l'on qualifie de *monsieur ;* que cette formule a été adoptée par la Révolution de Février ; que des ennemis seuls de cette révolution pourraient se formaliser de cette qualification, et qu'il importe au contraire à tous les vrais citoyens de respecter tous les principes républicains ;

» DÉLIBÈRE :

» La lettre du citoyen sous-préfet ayant la prétention de donner des leçons de civilité, est considérée comme nulle et non avenue.

» Le citoyen maire est invité à conserver en toute circonstance et vis-à-vis de qui que ce soit, la formule républicaine. »

Le conseil protesta énergiquement, dans la même

séance, contre une autre lettre du sous-préfet lui en-
joignant d'enregistrer purement et simplement le
budget du collège, arrêté par le bureau de cet établissement, approuvé par le recteur de l'Université
et le ministre de l'instruction publique, mais qui
n'avait pas été voté par le conseil municipal; et
il refusa de le comprendre dans le budget général.

Ces incidents montrent quels étaient les rapports
qui existaient entre les représentants du pouvoir,
dont le prince Louis-Napoléon était devenu le chef,
et les représentants de la ville.

Le conseil, toujours soucieux des intérêts de ses
commettants, rachetait le 5 octobre, par une surim-
position de cinq centimes, les prestations en nature,
impôt qu'il déclarait en principe injuste, inégal et
contraire à la civilisation, puisqu'il pèse plus particulièrement sur le travailleur que sur le propriétaire ;
exempte la veuve, l'orphelin, le vieillard riches, est
un reste de l'ancienne corvée, et dont tous les amis du
progrès réclament la suppression.

Quand il n'était pas possible de le dissoudre ou de
le suspendre, on annulait ses délibérations ; ainsi fut
fait pour celle du 22 septembre, où il avait refusé de
dresser un budget supplémentaire, avant que les
comptes de gestion du maire ou du receveur municipal, qui avaient été déposés par une commission provisoire sans mandat légitime, fussent présentés par
une administration municipale régulière. Il est vrai
que dans cette séance, le maire intérimaire avait annoncé sa volonté de ne pas laisser l'agent de police
Mignard reprendre ses fonctions. Il avait été invité
par le conseil à faire rentrer à l'hôtel-de-ville les

fusils et sabres dont, après la Révolution de Février, s'étaient armés un certain nombre d'habitants, qui les détenaient. Il avait donné pour raison que presque tous les citoyens ne pouvant pas être armés, les armes devaient être distribuées à tour de rôle aux gardes nationaux de service.

Parmi les plus dangereux adversaires de la nouvelle administration était le sieur Pouzols, qui accumulait à la fois les fonctions de trésorier de la caisse d'épargne, d'économe de l'hospice, de percepteur, de receveur municipal, et était le bouc émissaire de l'avocat Rochette.

A la suite d'une enquête ayant constaté qu'il n'avait exercé aucune surveillance sur les employés de l'octroi et déblatérait contre le conseil municipal, celui-ci délibéra que conformément à une première délibération du 21 février, restée sans effet, la place de receveur municipal serait ôtée au sieur Pouzols. Il désigna au choix du pouvoir exécutif, pour le remplacer, les citoyens Tabouret Jacques, propriétaire, Beraud Amable et Touchebeuf Jean fils.

Cette seconde délibération, pas plus que l'autre, ne fut prise en considération. De plus, par un arrêté en date du 5 février 1850, le préfet déclara nulle et non avenue la délibération par laquelle le conseil, le 8 novembre précédent, avait, pour assurer le service de l'octroi, fait un règlement sur l'octroi. L'arrêté était motivé sur ce que le conseil avait commis un excès de pouvoir, en s'attribuant la prescription, l'exécution et la surveillance des mesures que les lois réservent exclusivement aux maires.

Depuis le mois d'avril je n'assistai plus aux séances.

étant retenu à Paris par mes devoirs de représentant. C'étaient mes amis Jean Faugère, Perrein et Beraud aîné, qui avaient le plus d'influence sur les décisions du conseil, qui était plein de bonnes intentions, du désir de sauvegarder les intérêts de la ville, mais pensait qu'il pouvait ne pas tenir compte des exigences de la législation ou de la bureaucratie. Il donnait ainsi prise facilement au mauvais vouloir de l'autorité, qui cherchait des noix sur des saules pour le contrarier.

La bourgeoisie réactionnaire et cléricale de Brioude se laissait alors diriger par trois jeunes ambitieux, qui après avoir fait du républicanisme à outrance, avaient passé dans le parti de l'ordre, de la religion, de la famille, de la propriété. Ils faisaient les dévôts, espérant pêcher en eau trouble, ce que le gouvernement républicain n'avait pas voulu leur donner. C'étaient MM. Fournier, ingénieur, Langlade, avoué, et Tony Rochette, qui, ayant pour mouche du coche Grenier, dit *maussade,* et pour conseil l'avocat Rochette, qui a laissé de si tristes souvenirs dans notre pays, poussaient les représentants du pouvoir central à prendre contre le conseil municipal et la population toutes les mesures de répression ou d'intimidation paraissant possibles.

Fournier nous en voulait beaucoup parce que nous ne l'avions pas choisi pour candidat à la représentation nationale, et lui avions enlevé ainsi, disait-il, les moyens de faire un riche mariage avec la fille d'un comte des environs. Tony Rochette, qui s'était occupé à Paris de plaisirs non de politique, avait eu l'espoir que par l'influence de Toussaint Bravard.

avec lequel il avait été assez lié comme étudiant en médecine, il aurait été nommé sous-commissaire de Brioude. Langlade ayant assez gagné d'argent en écorchant ses clients, croyait avoir droit à une place de juge. A eux trois ils faisaient du bruit et surtout de la réaction pour tous, tirant les fils du pantin Bréaud, ne pouvant tirer les marrons du feu.

Ce furent eux qui firent passer le chemin de fer de Paris dans le Cantal par Lempdes, et placer la gare où elle est. L'ingénieur Fournier avait défié la compagnie P.-L.-M. d'établir dans la vallée de l'Allagnon une ligne praticable, et M. Tony Rochette avait intérêt à ce que la gare fût construite sur le bord d'une propriété qu'il avait achetée près de la ville, pour en augmenter la valeur. Notre ville doit à ces messieurs d'avoir la bifurcation à Arvant.

Il fallut bien se résoudre enfin à donner un maire et des adjoints à la ville. Par décret du 14 novembre, furent nommés : maire, M. Charles Vidal ; adjoints, MM. Mérie et Duclaux.

Charles Vidal avait un excellent cœur, des opinions républicaines, mais ne s'était guère mêlé de politique et n'entendait rien à l'administration, ce qu'il reconnaissait lui-même. La musique l'absorbait presque entièrement. C'est lui qui, quoique très sourd, a organisé, en dépensant beaucoup d'argent à lui, la plupart des corps de musique que nous avons eus à Brioude depuis que celle dont était chef Bardy, sous la Restauration de Juillet, s'était dissoute ; et c'est lui aussi qui a formé des élèves devenus des maîtres plus tard. C'est probablement dans la pensée qu'il ramènerait l'harmonie entre les diverses classes de la société brivadoise qu'il avait été choisi.

Dans la séance qui suivit son installation, le conseil décida qu'il serait fait appel devant le conseil d'Etat de l'arrêté du préfet annulant sa délibération relative au règlement de l'octroi, et au refus d'autoriser les comptes du receveur municipal ; ce fonctionnaire avait interprêté la délibération qui fixait à 80 centimes par hectolitre les droits d'entrée, en ce sens qu'il ne serait fait déduction que d'un tiers pour le marc, tandis que cette déduction devait être de moitié, ce qui réduisait le droit d'octroi à 40 centimes par hecto-litre. Je chargeai M. Martin, de Strasbourg, avocat au Conseil d'État, de ce pourvoi.

Ce conseil municipal, élu, dissous et réélu sous la République de Février, a signalé encore son passage dans la ville par deux œuvres également utiles. Il a acheté et démoli, sur le Postel, la maison Langlade, ancienne auberge Labranche, qui masquait la vue de la plaine, et commencé ainsi la terrasse qui a été terminée par le conseil municipal républicain de 1885. Il a opéré ensuite le transfert des prisons, des bâtiments où sont maintenant l'école primaire de filles et l'école maternelle, dans ceux où, jusque dans les dernières années du règne de Louis-Philippe, avaient été de tous temps enfermés les prévenus et condamnés, rendant ainsi à sa destination primitive cette prison claire, saine, aérée, divisée en deux parties, l'une consacrée aux hommes, l'autre aux femmes.

Les républicains du conseil avaient, sans s'en dou-ter, travaillé dans l'intérêt de leur parti, car au coup d'Etat leurs amis, qui furent arrêtés auraient été jetés dans les cachots humides, obscurs de la prison du

Postel, où femmes, vagabonds, voleurs étaient enfermés presque pêle-mêle.

L'hostilité contre les républicains était devenue
telle que le sous-préfet, lorsqu'il s'absentait, délé-
guait pour le remplacer M. de Torsiac, qui n'avait
aucun titre pour le suppléer.

En 1850, la surface des terrains plantés en vignes
était évaluée à 80 hectares. Dans l'année 1848, considérée comme ayant donné une récolte complète,
l'hectare avait donné 50 hectolitres de vin. Par suite
du faible rendement et de la mauvaise qualité du
vin de la récolte de 1849, le conseil décida à l'unanimité que le droit d'octroi sur les vins serait abaissé
à 15 centimes par hectolitre. Cette réduction fut fort
bien accueillie de la population, mais elle désorga-
nisait les finances de la ville, en supprimant une
recette considérable.

En 1851, la ville avait été enfin débarrassée du
sous-préfet Breaud, qu'on envoya gardien en chef
ou directeur d'une maison d'arrêt, dans laquelle il
pouvait se croire en famille ; mais elle tomba de
Charybde en Scylla ; ce fut M. Tony Rochette qui
lui fut donné pour successeur. Le premier acte de ce
fonctionnaire à poigne, aussi vaniteux qu'autoritaire,
fut de licencier la garde nationale et la compagnie
des sapeurs-pompiers. Pour accomplir cette basse
œuvre, il fit occuper la ville par un détachement de
hussards et deux compagnies de troupes de ligne,
qui furent logés chez les habitants et furent mis en
possession de l'hôtel-de-ville. Les canons qui appar-
tenaient à la ville et les fusils distribués aux sapeurs-
pompiers, furent enlevés et transportés à St-Étienne,

en vertu d'un décret présidentiel sollicité par le sous-préfet.

Celui-ci n'ayant pu décider les hommes de son parti à garder, comme lui, les armes dont ils s'étaient emparés dans les premiers jours de la Révolution de Février, sous prétexte de faire partie de la garde nationale, et qui avaient dû être remises à l'hôtel-de-ville, craignit que les sapeurs-pompiers, qui rendaient tant de services à la ville et ne songeaient pas à faire de la politique, ne formassent une garde républicaine. C'était une garde bourgeoise que ce réactionnaire halluciné voulait créer, pour faire au besoin, comme à Paris, une manifestation de bonnets à poils. Aussi s'empressa-t-il, le désarmement et le licenciement exécutés, de demander au conseil municipal de voter les fonds nécessaires pour la réorganisation d'une nouvelle compagnie de sapeurs-pompiers, que tous les habitants, sans distinction de parti, réclamaient d'ailleurs.

Le conseil municipal, dans sa séance du 7 février, protesta énergiquement contre cette mise en état de siège d'une ville où aucun acte de nature à troubler l'ordre ne s'était produit, où aucune manifestation séditieuse ou même tapageuse n'avait eu lieu ; par le seul motif que pour la fête de Ste-Barbe les sapeurs-pompiers avaient, selon l'habitude, tiré le canon sans en demander l'autorisation au sous-préfet ; et il refusa de voter les crédits demandés dans un but facile à comprendre, approuvant la conduite du maire qui avait résisté de tout son pouvoir à l'exécution des mesures prises sans qu'il en eût été prévenu et malgré lui.

Brioude dut donc rester quelque temps sans sapeurs-pompiers. Quant à la garde nationale, son licenciement fut pour la forme, car elle n'existait que sur le papier ; mais nos canons ne nous ont pas été rendus, et c'est avec de simples boîtes qu'on ouvre maintenant la fête de la ville.

Le sous-préfet Rochette commença dès lors d'amasser sur sa tête, cette montagne de haine, de mépris d'impopularité, sous laquelle ses hauts faits aux jours du coup d'Etat, devaient l'aplatir. Les épurations devinrent plus nombreuses que jamais. Le citoyen Porte, instituteur communal à l'école mutuelle, fut révoqué. Le conseil municipal, reconnaissant des services qu'il avait rendus, délibéra qu'un logement serait donné à cet instituteur dans la partie disponible de l'école communale.

Le 24 février le conseil municipal refusa d'aller en corps assister au *Te Deum* qui devait être chanté en mémoire de la Révolution de Février ; le cortège devait partir de la sous-préfecture pour se rendre à l'église paroissiale ; et il motiva son refus par la délibération suivante :

« Le conseil, considérant que du 24 février datent l'émancipation du peuple et le développement des libertés publiques ; que la République a été proclamée dans ce jour mémorable ; que dans cette héroïque lutte du peuple contre le despotisme on a à regretter la perte de saintes et généreuses victimes ; mais que par suite de la dissolution de la compagnie des sapeurs-pompiers, qui embellissait toutes les fêtes populaires de la ville, il n'est plus possible de former des cortèges dignes de cette époque immortelle, délibère qu'il assistera aux prières récitées pour les âmes des héros de Février et aux chants de triomphe en l'honneur de la République, mais qu'il s'y rendra séparément. »

Le citoyen Perrein est devenu le secrétaire habituel du conseil municipal; ses procès-verbaux sont rédigés de manière à exprimer la pensée et les opinions de ses collègues.

Le sous-préfet Rochette n'avait pu digérer la délibération du conseil municipal du 17 février, au sujet du désarmement de la compagnie des sapeurs-pompiers. Il la fit annuler par un arrêté préfectoral du 21 mars, comme contenant des insinuations aussi illégales qu'offensantes pour l'autorité municipale. On avait pris le temps de la réflexion. Le conseil fut mis aussi dans l'impossibilité de former son pourvoi au conseil d'Etat contre des décisions arbitraires et illégales de la commission qui avait remplacé le conseil municipal; le préfet refusa de laisser inscrire au budget supplémentaire, une somme de 300 francs nécessaires aux frais d'enregistrement et déboursés de l'avocat, M. Martin, de Strasbourg.

Ce fut alors que, sur le conseil de celui-ci, la ville, en présence des obstacles, des difficultés qu'avaient à vaincre le conseil municipal, renonça au procès, et que je remboursai de mes deniers à l'avocat républicain Martin, de Strasbourg, qui n'avait pas voulu prendre d'honoraires, les 300 francs qu'il avait avancés.

Le conseil municipal échenillait tant qu'il le pouvait, la ville, des agents qui étaient hostiles à l'administration ou faisaient mal leur service : et lorsque ceux qui étaient choisis par le maire ne convenaient pas au sous-préfet, celui-ci manifestait énergiquement son mécontentement.

Notre petit pacha avait refusé d'approuver la nomination du citoyen Belmont Jean comme garde champêtre, bien qu'il eût reçu l'assentiment du conseil municipal, après avoir déjà, pour les mêmes motifs, repoussé la candidature du sieur Claude Varenne, parce que, disait-il, ce candidat lui semblait plutôt un homme de parti qu'un fonctionnaire impartial.

« Le conseil, sans s'étonner du refus du sous-préfet, mais voyant dans cet acte la continuation des hostilités de l'administration supérieure contre toutes décisions, de quelque nature qu'elles soient, qui émanaient du conseil municipal, approuve la nomination du sieur Pinot, vigneron, ancien militaire, en remplacement du sieur Fontès-Langlade, révoqué. »

Inutile de dire qu'un mois après, le 27 septembre suivant, cette délibération était cassée.

Le conseil municipal se réunit pour la dernière fois le 18 novembre. Le coup d'Etat le balaya avec la République.

# CHAPITRE IX

## PROGRÈS DE LA RÉACTION

Dans les départements, les réactionnaires étaient assurés de l'appui des fonctionnaires de tous genres du gouvernement, et encouragés par les entreprises contre la liberté, contre les droits des citoyens, d'une assemblée dont la majorité, bien que composée de deux fractions hostiles, les bonapartistes et les royalistes, marchaient du même pas dans la même voie, réunies sous la bannière du cléricalisme. Le parti clérical était tout puissant dans la législative : il avait fait décréter : 1° que les congrégations religieuses reconnues ou non, y compris les jésuites, expressément nommés, seraient admissibles à la direction des écoles de l'État ; 2° que l'instruction publique serait placée sous la surveillance directe et incessante du curé ; 3° que les écoles normales seraient détruites ; 4° que la lettre d'obédience tiendrait lieu de diplôme pour les congréganistes qui désireraient diriger une école ; 5° que l'enseignement à tous les degrés serait placé sous le contrôle et la domination suprême des évêques, installés en maîtres dans les conseils de l'Université.

La loi qui cléricalisait ainsi l'instruction, on peut le

dire, s'est appelée « loi Falloux. » — En 1850, j'avais voté contre la loi ; en 1886, j'ai voté celle qui l'a enfin détruite.

Un crime, plus grand encore, si c'est possible, avait été commis par cette majorité qui, aussi ennemie de la démocratie qu'aveuglée par la passion, se suicida elle-même, mutila le suffrage universel dont elle était issue, en rayant des listes électorales les deux ou trois millions de citoyens que Thiers appela la *vile multitude,* parce qu'ils n'offraient pas, en fait de domicile ou d'impôts, des garanties suffisantes.

La réaction dans la Haute-Loire, comme ailleurs, avait alors ses coudées franches. Aux révocations, aux abus d'autorité succédèrent les procès. La justice venait en aide à la police. Souligoux (du Postel) avait, au su de tout le monde, une de ces presses à mains qui se vendaient publiquement partout, et dont les hommes d'affaires se servaient pour copier ou transcrire leurs actes, leurs lettres. Dénoncé par le commissaire de police Pons ou l'agent *Mignard,* il fut décrété d'accusation pour délit de presse clandestine.

Un beau matin, le juge d'instruction Thomas, le procureur de la République Le Tourneur, — qui rimait avec son prédécesseur *Lesueur* et était à la hauteur de celui-ci, — accompagnés du greffier Duclaux, du commissaire de police Pons et des gendarmes, envahirent son domicile. Une perquisition minutieuse fut faite partout ; partout l'on rafla les papiers de tous genres que l'on trouva, emportant triomphalement la presse étalée sur sa table.

De là, les inquisiteurs se transportèrent chez Tabouret, qui, ayant comme limonadier desservi le club,

devait être véhémentement soupçonné de détenir des
pièces, non de bière, mais de conviction compromet-
tantes. Le substitut Fouillet, tout réactionnaire qu'il
fût, avait prévenu de cette visite officielle Tabouret,
qui, pendant qu'il tenait le salon de l'*Union,* paraissait
prendre beaucoup de plaisir à lui entendre chanter,
avec accompagnement de verres, de cruchons, les
ouvertures et grands airs des opéras à la mode du
temps où notre substitut était étudiant à l'école de
droit. On ne découvrit rien de suspect malgré les
recherches faites par les limiers du jour. Toutefois, le
juge Thomas, dit *Caracala,* et sa bande, ne voulant
pas s'en aller les mains vides, emportèrent les titres
de famille, papiers d'affaires, lettres d'amis, que personne ne se serait imaginé être de bonne prise.

Joseph Perrein avait, le jour de la fête de Lavaudieu,
lu sur place publique un de ces écrits républicains répandus partout alors et qui n'étaient pas incriminés.
Il fut poursuivi pour excitation à la haine et au mépris
du président de la République et de l'assemblée nationale.

Deux procès furent intentés à Audiard-Bonnet,
rédacteur de l'*Ami du Peuple*, le vaillant organe au
Puy du parti républicain : l'un pour délit du presse
clandestine, l'autre pour publication séditieuse.

Souligoux ne s'étant pas fait défendre, fut condamné
à 500 francs d'amende. Joseph Perrein voulant échapper à l'emprisonnement préventif se cacha ; la police
et la gendarmerie le cherchèrent vainement à Brioude,
chez son père, à Lamothe où sa famille avait une ha-
bitation, fouillant jusque dans les oubliettes du vieux
château de Canilhac et les caves de la cure pour le

découvrir. Il coucha quelques jours dans notre maison et se rendit ensuite dans le Bourbonnais, où les Fayolle lui offrirent l'hospitalité. Après 53 jours d'absence, il revint dans la Haute-Loire et comparut au jour fixé pour son procès devant le jury, qui l'acquitta sans débats.

Défendu d'abord par Crémieux, ensuite par Laissac, qui avaient bien voulu, à la demande de la députation républicaine de la Haute-Loire, lui prêter le secours de leur éloquente parole, Audiard-Bonnet fut également renvoyé des fins d'une plainte aussi ridiculement soutenue qu'engagée.

A Brioude, notre club avait été fermé avant même la promulgation de la loi qui supprimait les clubs. Cette fermeture se fit un dimanche, au moment où il y avait une séance. On espérait qu'il y aurait des protestations, du tumulte. Les trois cents républicains présents quittèrent la salle aux cris de : vive la République! en haussant les épaules. La troupe que le sous-préfet avait fait venir pour expulser au besoin ou empoigner les récalcitrants, n'eut pas, cette fois plus que les autres, à prêter main-forte à l'autorité. Les soldats et sous-officiers faisant partie de ces compagnies détachées pour surveiller et contenir les républicains, sympathisaient en général et fraternisaient même parfois avec eux. Un grand nombre étaient venus à plusieurs reprises au club. La police les ayant dénoncés, les officiers vinrent, un soir, à notre réunion populaire, pour pouvoir les punir après les avoir pris en flagrant délit. Le bureau, pour déjouer leur projet, eut la bonne inspiration d'éteindre les lumières. Les officiers et la police s'en retournèrent honteux comme un renard qu'une poule aurait pris.

Quelques jours après, les portes du club, sur lesquelles on avait mis les scellés, furent rouvertes. La police enleva les drapeaux tricolores, effaça les inscriptions patriotiques et républicaines qui y étaient peintes, et enleva tous les papiers, registres qui y étaient déposés.

D'autres genres de vexations étaient réservées aux citoyens connus par leur républicanisme. Des débits de poudre furent retirés à Brioude, à Pouget, à Langeac, à Pascon, au Puy, à Audiard. Le docteur Charreyre, maire républicain de Lempdes, vit enlever à sa femme, la recette buraliste à laquelle lui donnaient des titres les fonctions remplies par son père.

Par arrêté préfectoral, l'interdiction des clubs, réunions publiques et banquets, dans le département de la Haute-Loire, fut prononcée et tambourinée.

Au nombre des lois qu'elle fabriquait pour désorganiser la République, l'assemblée législative en avait fait une maintenant en fonction les conseils généraux qui devaient être tous renouvelés dans le courant de l'année 1851. Ayant repoussé cette loi à la Chambre, je ne crus pas pouvoir ni devoir continuer de siéger dans un conseil dont, selon moi, les pouvoirs étaient expirés. J'adressai donc, à la session de septembre, ma démission de conseiller général pour le canton de Brioude, par cette lettre, en date du 25 août 1851 :

« Monsieur le président,

« Les conseils généraux doivent, aux termes de la loi du 22 juin 1835, être renouvelés par tiers tous les trois ans. Ce renouvellement, la Constitution et les lois de la République veulent qu'il se fasse par l'élection basée, dans le canton, sur le suffrage universel et direct. L'époque fixée pour le renouvellement partiel est arrivée. Je suis au nombre de ceux qui ont été désignés comme membres sortants par le tirage au sort fait l'année passée, à la préfecture. Dès lors je ne pourrais reprendre ma place au Conseil général de la Haute-Loire que si j'avais de nouveau reçu des électeurs du canton de Brioude le mandat de les représenter.

» Il n'en est point ainsi : aucune élection n'a eu lieu. Mes pouvoirs ont donc cessé avec mon mandat ; et je n'ai plus à prendre part aux travaux du conseil, ne reconnaissant qu'au suffrage universel et direct le droit de rendre ou de donner les droits qu'a donnés le suffrage universel et direct.

» Cette année, le canton qui m'a nommé n'aura pas de représentant au conseil du département ; mais si ses intérêts légitimes pouvaient, ce que je ne saurais admettre, souffrir de mon absence, ma conscience serait tranquille, car en ne laissant pas toucher volontairement à la souveraineté populaire, en mettant au-dessus de tout, le droit, je crois tout à la fois accomplir un devoir et rester en communauté de principes avec les républicains qui m'ont honoré de leurs suffrages.

» A. St-Ferréol. »

A la lecture de cette lettre, les réactionnaires du Conseil général, dont les membres étaient alors : MM. Mandaroux-Vertamy, qui avait remplacé M. Lamothe, de Frugères, décédé, Jules Branche, Chouvy, Pissis (de Langeac), de La Roule, de Chomouroux, de St-Germain, Dumolin, André, Badon, Mauras, du Chayla, de Vinols, Armand, de Mars, de La Fressange, de Bronac, Jules de La Batie, Calemard de Lafayette, Peyret, Faucon, Grellet, Francisque Maigne, présents; — MM. Louis et Barthélemy de Romeuf, qui, pour des causes différentes avaient envoyé leur démission étant absents, — s'indignèrent bruyamment de l'audace grande que j'avais de refuser de siéger avec eux.

M. de La Batie demanda la question préalable, prétendant qu'étant législateur je devais plus que tout autre respecter cette loi, alors qu'en ma qualité de représentant du peuple j'avais eu le droit de voter contre elle.

Malgré l'opposition de M. Francisque Maigne, cette proposition fut adoptée au scrutin secret, car toutes les délibérations importantes étaient prises à huis clos, par 18 voix contre 2 : celles de Francisque Maigne et d'André.

Une proposition de réviser la Constitution, qui malgré les institutions monarchiques qui y avaient été maintenues ou introduites, paraissait trop républicaine à ceux qui voulaient renverser la République, fut demandée par plusieurs membres de la majorité, qui réclamèrent la discussion immédiate.

Francisque Maigne, que nos adversaires disaient avoir une certaine ressemblance avec Robespierre, eut beau faire observer qu'une discussion aussi importante ne pouvait avoir lieu sans que la question fût soumise à la commission des vœux, la discussion immédiate fut votée par 16 voix contre 5, et la proposition adoptée par 16 voix contre 5.

Dans la séance suivante, M. Mandaroux-Vertamy, trouvant après réflexion, insuffisante la question préa-

lable votée la veille, sur la proposition de M. de La
Batie, demanda qu'au procès-verbal de cette séance
il fût ajouté une expression de l'improbation du conseil
pour les principes anarchiques et insurrectionnels
contenus dans la lettre de M. St-Ferréol.

M. Francisque Maigne combattit cette proposition
en disant que M. St-Ferréol avait obéi à un sentiment
démocratique et à un scrupule de conscience, en refu-
sant d'accepter la responsabilité d'une mesure qui
laissait les conseils généraux investis des pouvoirs qui
avaient pris fin légalement ; qu'il aurait lui-même fait
comme son collègue de Brioude si ses commettants
du canton de Blesle ne lui avaient pas fait un devoir
de rester au conseil. La proposition fut encore adoptée, au scrutin secret, à la majorité de 16 voix contre
cinq, qui étaient celles de MM. Francisque Maigne,
André, Chouvy, Mauras, et probablement Grellet.

Pour défendre la République, minée et attaquée
ouvertement par des adversaires capables de tout
et osant tout, des sociétés secrètes s'étaient organisées dans une partie de la France. Les affiliés
étaient très nombreux dans le midi et la région dont
Lyon est le centre. Ils étaient reçus membres de ces
sociétés, dans notre pays au moins, avec les mysté-
rieuses et sombres formalités usitées dans le carbona-
risme de la Restauration et la franc-maçonnerie de
l'ancien régime. C'était dans un bois qu'avaient lieu les
initiations, et les affiliés prêtaient serment sur un poi-
gnard de combattre la contre-révolution.

Peu de républicains, dans notre département, se firent admettre dans ces sociétés, dites secrètes, où se trouvent toujours des mouchards, des agents provocateurs, qui excitent, poussent à l'insurrection, dans les moments les plus défavorables, les conspirateurs, qui au lieu d'aller à la victoire, vont presque toujours en prison, parfois à la boucherie.

Ducros, du Puy, fut un des plus ardents promoteurs chez nous des sociétés secrètes, dont Huguelman qui, alors probablement un mouton sous la peau d'un lion rugissant contre les réactionnaires, devait devenir un des plus misérables agents de la police impériale, était l'inspecteur, le chef divisionnaire. Celui-ci laissa en signe de ralliement, en passant à Brioude, à Trioullier, alors maître d'hôtel, la moitié d'une bague en or qui fut, avec sa barbe rouge, la principale cause de la transportation de celui-ci en Afrique. Pour se débarrasser de lui, sa femme livra au triumgueuzat, alors à la tête de nos proscripteurs, à qui elle n'avait rien à refuser, cette pièce à conviction, avec l'alliance nuptiale qu'elle avait jetée à la figure de son mari, après avoir coupé avec un hachoir son doigt, n'en ayant pu arracher la bague.

L'organisation de ces sociétés, qui prenaient de grandes proportions, fut brisée par l'arrestation du chef suprême, Gent, qui, traduit à Lyon devant un conseil de guerre présidé par le général Couston, du Puy, marié à une demoiselle Bonnet, de Brioude, fut condamné, pour complot envers l'Etat, à la transportation dans une enceinte fortifiée, avec Odde, Longomazino, qui l'accompagnèrent à Nouka-Iva ; et par la sortie de France de Delescluze et d'un grand nombre de lyonnais, qui échappèrent en se réfugiant à l'étranger aux condamnations prononcées par défaut contre eux.

Toutes dispersées, désorganisées qu'elles furent par la privation de leurs chefs, les sociétés secrètes avaient laissé dans les contrées où elles s'étaient développées, des germes de résistance à une entreprise contre la République, qui firent sortir de terre, aux jours du coup d'Etat, dans le midi, des combattants plus nombreux, mieux préparés à la lutte contre le bandit de Décembre, que dans les autres parties de la France, où les soldats du droit furent écrasés presque sans résistance, et n'en furent pas moins proscrits ou transportés à Cayenne ou en Afrique.

Je ne restais pas étranger, il est inutile de le dire, à ce qui se passait, se faisait dans l'arrondissement de Brioude ; de Paris, je m'associais, autant que cela dépendait de moi, à toutes les revendications, les protestations, les mesures de défense ou de précaution que le conseil municipal et les républicains croyaient nécessaires pour combattre la réaction, veiller au salut de la République. Mais c'était surtout à la Chambre que j'avais à remplir mes devoirs les plus sérieux, les plus difficiles, de représentant du peuple.

# CHAPITRE X

## A L'ASSEMBLÉE LÉGISLATIVE

Il serait trop long, peu intéressant de rendre compte ici de la manière dont j'ai rempli mon mandat à la législative, depuis le jour où je suis allé siéger sur les bancs les plus élevés de *la Montagne*, à côté de Lamennais et Pierre Leroux, jusqu'à celui où j'ai été expulsé par la force des baïonnettes du palais de la nation. Je dois cependant rappeler les évènements les plus importants auxquels j'ai été mêlé comme représentant du peuple.

A peine étions-nous arrivés à Paris, que la journée du 13 juin vint décimer les républicains. A ce moment, nous n'avions pas eu le temps de nous bien connaître. Un grand nombre de représentants nouveaux étaient venus pourtant se faire inscrire à *la Montagne,* presque subitement doublée par le renfort des socialistes et des révolutionnaires que lui envoyaient les élections nouvelles. De ce nombre étaient les six représentants de la Haute-Loire. Les séances qui se tenaient tous les soirs, sous la présidence du citoyen Deville, n'étaient pas assez régulièrement suivies pour qu'on pût chercher à retenir d'autres noms, d'autres visages, que ceux des hommes marquants de notre parti.

C'était dans des salons étroits de la rue du Hasard,
n° 6, d'où elle se transportait, pour les réunions générales, dans les vastes salles de Lemardelay, que *la
Montagne* employa une partie de ses séances à rédi-
ger son règlement intérieur ; la division de notre
groupe en plusieurs comités avait été adoptée après
une vive discussion.

Partis ensemble de Brioude, Jules et moi, nous
avions pris un logement rue Monsigny. Le choléra,
qui sévissait alors dans Paris avec une intensité
extraordinaire, exerçait sur les plus robustes une influence morbide dont tous ressentaient plus ou moins
profondément les atteintes. Nous n'en fûmes pas à
l'abri. Jules fut obligé d'aller à Versailles, chez Prével,
respirer un air meilleur et faire les remèdes qu'exigeait son indisposition. Je dus, moi, me mettre au lit ;
mais le choléra se transforma en cholérine, grâce au
traitement énergique de mon ami le docteur Bertrand
de St-Germain, qui n'étant pas dans la politique militante et ayant quitté nos pays de bonne heure, a été
un des trois ou quatre amis de tous les temps avec qui
j'ai conservé toujours de bonnes relations.

Les évènements nous forcèrent vite d'ailleurs de
revenir à notre poste. Les interpellations sur les affaires de Rome furent faites à la tribune. Le 12, la
question fut tranchée. Jules Maigne était de retour de
Versailles ; je m'étais fait conduire à l'assemblée en
voiture. Nous restâmes en séance jusqu'à huit heures
et demie du soir. Cette séance avait été pleine de
tumulte, d'incidents orageux.

Provoqué, poussé à bout par M. Thiers, Ledru-
Rollin, qui avait été magnifique d'inspiration, de pa-

triotisme, laissa échapper ce cri : « Nous défendrons
» même par les armes la Constitution violée par
» l'assassinat de la République romaine. »

Le sort en était jeté. Furieuse, la majorité, acceptant le défi qu'elle avait provoqué et que d'autres le
lendemain devaient transformer en appel à l'insurrection, décida qu'une armée française irait rétablir, à
Rome, le pouvoir temporel du pape.

Fatigué par les émotions de cette longue et fati-
gante séance, je rentrai chez moi pour me mettre au
lit. Mes collègues se réunissaient dans les bureaux de
la démocratie pacifique. Je chargeai Jules Maigne de
m'y représenter et d'adhérer pour moi à toutes les
mesures qui seraient prises. La réunion, à laquelle as-
sistèrent plusieurs journalistes, se prolongea longtemps
dans la nuit.

Après une discussion animée, une proclamation au
peuple fut résolue et rédigée séance tenante. Cette
proclamation devait paraître le lendemain avec les
noms de tous les membres de *la Montagne*. Le mien
n'y manquait pas. Jules Maigne, qui avait proposé
différentes mesures, trouvant le manifeste trop peu
accentué, ne le signa pas.

Très entier dans ses opinions, qu'il aurait toujours
voulu imposer aux autres au nom de ce qu'il appelait
les principes, Jules Maigne s'est ainsi, en plusieurs
circonstances, séparé de ses amis lorsqu'il ne pouvait
pas faire prévaloir sa manière de voir ou n'avait pas
l'influence à laquelle il croyait avoir droit. Il restait
volontiers confiné avec quelques intimes dans la petite
église où il pouvait pontifier. Dans les prisons d'État
il n'était en relation qu'avec un certain nombre de ses

co-détenus. En Suisse, où il vint après que les portes de Corte lui eurent été ouvertes par l'amnistie, il ne se trouva pas dans un milieu assez conforme à ses goûts, à sa manière de voir, de sentir, pour pouvoir s'acclimater, se créer une position, vivre de la vie commune dans les rangs de ce qui y restait de la proscription. Au lieu de respirer à pleins poumons, dans la République helvétique, l'air pur de la liberté et des montagnes, il préféra aller vivre solitaire à Strasbourg d'abord, puis à Heidelberg. Devenu député, il cessa de faire partie du groupe de l'Extrême-Gauche lorsqu'elle ne fut pas présidée par Louis Blanc dont il ne pouvait méconnaître l'autorité.

Tout en demeurant indépendant, il n'en était pas moins un vaillant et dévoué soldat de la démocratie. La proclamation qu'il n'avait pas voulu signer le 13 dans la nuit, il en revendiqua la responsabilité au jour du danger.

Ce 13 fatal, tout le monde était debout de grand matin. Une manifestation pacifique avait été organisée par les républicains de la garde nationale. Annoncée par un seul journal, elle fut peu nombreuse, sans importance. Les quatre à cinq mille citoyens sans armes, à la tête desquels marchaient Étienne Arago, en uniforme de lieutenant-colonel, et quelques officiers, parcoururent les boulevards, du Château-d'Eau à la rue de la Paix ; là, ils furent coupés par des charges de cavalerie sur l'ordre de Changarnier, et se dispersèrent sur tous les points sans essayer de faire de la résistance.

Les représentants de *la Montagne* s'étaient cependant rendus dans le lieu ordinaire de leurs séances. Les nouvelles les plus contradictoires leur étaient portées par des délégués des journaux républicains, du comité socialiste, de groupes populaires, annonçant, les uns que cent mille hommes marchaient sur l'assemblée, en criant vive la constitution, les autres que le peuple allait jeter *la Montagne* par la fenêtre, comme traître et parjure, si elle ne donnait pas le signal de l'insurrection. Informations prises, on connut les évènements du boulevard. Il fut décidé que les représentants de *la Montagne* iraient à une heure à la Chambre, avec leurs écharpes, pour recevoir la manifestation qui devait venir porter une pétition en faveur de la République romaine, et qu'ils agiraient ensuite suivant les crconstances.

En nous rendant, Jules Maigne et moi, dans le lieu de nos réunions, où avait été donné le rendez-vous, nous apprîmes que les représentants qui y étaient venus étaient sortis et devaient se trouver à l'état-major de l'artillerie parisienne. Nous nous hâtâmes de courir après eux, et nous rencontrâmes nos collègues dans le jardin du Palais-Royal, entourés d'artilleurs de la garde nationale à la tête desquels était Guinard.

Voilà ce qui était arrivé.

La manifestation pacifique ayant été chargée, un grand nombre de citoyens poursuivis par la troupe s'étaient jetés dans les rues voisines en criant aux armes. La réunion de la rue du Hasard avait été de nouveau envahie par toutes sortes de personnes, affirmant que la bataille était engagée, et que les *Montagnards* allaient être enlevés par la cavalerie envoyée pour les arrêter.

Ledru-Rollin avait cédé à cette pression ou à la nécessité.

Il avait été résolu que *la Montagne* irait délibérer sur les mesures à prendre, au milieu du peuple, dans un quartier républicain où elle pouvait trouver des défenseurs. On devait compter sur la sixième légion, que commandait le colonel Forestier. Les Arts-et-Métiers, dans la rue Saint-Martin, furent choisis pour le nouveau Jeu de Paume des représentants de la démocratie. Guinard, colonel de l'artillerie parisienne, bien que ne croyant pas à la possibilité d'une lutte, vint, avec les artilleurs groupés depuis le matin à ses côtés, se ranger autour de *la Montagne,* et marcha à côté de Ledru-Rollin, à la tête de la colonne, vers les Arts-et-Métiers.

Lorsque nous arrivâmes, la colonne allait se mettre en marche. Breymand et Monnier étaient dans les rangs. Nous marchions deux à deux au milieu des artilleurs. Je donnais le bras à Breymand, n'étant pas complètement remis de mon indisposition et fatigué par la rapidité de la marche. A peine nous fûmes-nous engagés dans les rues étroites du quartier Montmartre que nous mîmes nos écharpes. Nous traversâmes ainsi les quartiers Montmartre, Montorgueil, Saint-Denis, le centre général des révolutions.

On se mettait en haie sur notre passage, mais on ne bougeait pas ; des groupes répondaient bien par les cris de vive *la Montagne!* aux cris de vive la Constitution! vive la République! que nous poussions en levant nos chapeaux ; mais ne nous suivaient pas. Une centaine de républicains, de démocrates connus nous accompagnaient seuls ; quelques-uns criaient aux armes! le plus grand nombre, vive la Constitution!

Malheureusement, ces cris ne réveillaient pas les masses restées dans les ateliers. Il était évident dès lors que le peuple, qui ne s'attendait pas à cette journée, n'était pas prêt pour la bataille, ne descendrait pas dans la rue. Au 24 juin 1848, la démocratie avait eu pour combattre la réaction des soldats sans chefs ; au 13 juin 1849, elle devait avoir des chefs sans soldats ; fatal malentendu qui a tant contribué à la perte de la République.

Les portes du conservatoire des Arts-et-Métiers, gardées par des sapeurs-pompiers, furent ouvertes sans difficultés aux représentants ceints de leur écharpe. Le directeur, M. Pouillet, mit à leur disposition les clefs des grandes salles. Ce fut dans l'une d'elle que, de l'amphithéâtre, trop mal disposé pour une réunion de ce genre, nous fûmes délibérer.

Cette salle est au rez-de-chaussée, entre la cour dont elle est séparée par une galerie, et les jardins, sur lesquels s'ouvrent de larges croisées. C'est celle où sont exposées les machines.

Les représentants, groupés autour de Ledru-Rollin et de Michel de Bourges, qui, la tête enveloppée d'un mouchoir de couleur, me rappelait Marrat, bien qu'il n'y eût de ressemblance d'aucun genre entre eux, ne se faisaient pas d'illusion, d'ailleurs, sur ce qui allait se passer. La 6ᵐᵉ légion, sur laquelle on comptait, n'était pas venue, les ouvriers annoncés n'avaient pas paru. Entouré de maisons, le conservatoire ne pouvait être défendu une seule minute. Une centaine d'artilleurs, armés de carabines sans munitions, étaient les seuls défenseurs qu'avaient les représentants de *la Montagne* contre toute l'armée de Paris. Il n'y avait qu'une chose à faire : mettre hors la loi la majorité qui avait violé la constitution, faire un appel suprême au peuple et attendre.

C'est ce qui fut fait. Michel de Bourges rédigea une proclamation, écrite sur une feuille enlevée au carnet de Jules Maigne, et cette proclamation, au bas de laquelle furent mis les noms de tous les représentants présents, — qui n'eurent pas d'ailleurs à la signer — fut envoyée aux journaux, où elle arriva trop tard.

Les troupes marchaient sur le conservatoire ; la fusillade avait commencé dans la rue St-Martin, où des barricades avaient été élevées à la hâte. Aux abords des Arts-et-Métiers, des groupes d'étudiants et d'ouvriers, qui s'y étaient enfin concentrés, allaient être attaqués sans pouvoir être défendus. Nous étions cernés. Au premier coup de feu que nous entendîmes, Jules Maigne et Daniel Lamazière sortirent précipitamment pour aller empêcher nos amis d'engager la lutte. Toute résistance était impossible. Ils furent arrêtés par la troupe, derrière la barricade que quelques citoyens avaient essayé de faire.

Dans l'intérieur de la cour, les artilleurs se préparaient à la résistance, avec quelques citoyens armés de pistolets et de fusils. Nous ne pouvions accepter un dévouement inutile. Pout ôter tout prétexte de conflit, les représentants se mirent entre les artilleurs de la garde nationale et les soldats qui entouraient déjà la grille des Arts-et-Métiers. Les représentants, tous en écharpe, précédant les artilleurs qui avaient la baïonnette et le sabre au fourreau, se présentèrent devant la troupe séparée d'eux par la grille. Ils firent, au nom de la constitution, un appel à l'armée.

Les soldats, qui plus tard devaient tuer la République française, ne s'intéressaient guère à la République romaine, pour laquelle, à vrai dire, le peuple lui-même était peu disposé à descendre dans la rue. Ils auraient été plutôt portés à applaudir aux succès de l'armée française à Rome. Pour toute réponse, ils croisèrent la baïonnette sur nous, après avoir franchi les grilles, et nous refoulèrent lentement dans le fond de la cour.

Nous nous dispersâmes dans toutes les directions. J'entrai, à droite, dans le corps de garde des sapeurs-pompiers, où je me trouvai avec Breymand, Boichot, Cantagrel, Racouchot, Nadaud et quelques autres républicains ; Pilhe, Fargen Fayolle, Deville, Boch avaient été repoussés dans le corps de garde de la ligne, à gauche. Les autres avaient été ramenés jusque dans la salle des machines où la troupe pénétra. Celui qui commandait la troupe, entrant dans cette salle, fit mettre en joue les représentants, mais donna ensuite l'ordre de relever les fusils et d'évacuer la salle sans faire de prisonniers.

Ce furent par les grandes portes donnant sur le jardin que sortirent Ledru-Rollin que la réaction a si ridiculement accusé de s'être sauvé par un wasistas, et le plus grand nombre de représentants de *la Montagne*, des artilleurs, des membres des comités socialistes qui se trouvaient aux Arts-et-métiers. Les représentants qui avaient été trouvés dans le corps de garde de la ligne furent au contraire arrêtés et emmenés prisonniers. Personne ne vint dans le corps de garde des sapeurs-pompiers nous inquiéter.

Pendant qu'une partie de la troupe parcourait l'in-

térieur, la grille était gardée par un faible détachement qui empêchait de sortir les représentants ceints
de leur écharpe. Quelques coups de feu ayant retenti
dans le voisinage, toute la troupe qui avait envahi le
conservatoire sortit au pas de course. La cour resta
vide, sans même une sentinelle pour garder l'entrée.
Nous sortîmes alors tous dans la rue par la grande
porte grillée, ayant quitté simplement nos écharpes.
J'avais donné le pardessus d'été que j'avais sur moi,
à Boichot qui, avec ses habits militaires, aurait
couru de nouveaux risques dans la rue.

Les prisonniers avaient été conduits, au milieu des
insultes des gardes nationaux et boutiquiers, de la
préfecture de police à l'assemblée législative, qui
s'était déclarée en permanence.

Les dénonciations, accusations, arrestations ne tardèrent pas à se produire. Soixante représentants de
*la Montagne* avaient été aux Arts-et-Métiers appeler
le peuple à la défense de la constitution. Trente, qui
avaient été arrêtés, reconnus, comme Ratier, Boichot,
Commissaire (sous-officiers), ou dénoncés sur des
indices particuliers, furent livrés par la majorité réactionnaire à la haute cour de Versailles.

Une instruction fut faite au Palais Bourbon même.
Nous y fûmes interrogés par un juge d'instruction. Je
fus un de ceux qui refusèrent de répondre, disant
que je ne savais point si c'était comme prévenu ou
comme témoin qu'on me faisait comparaître, et que
je n'avais à donner aucune explication aux accusateurs. Je fus aussi un des représentants qui ne mon-
tèrent pas à la tribune lorsqu'ils furent sommés de
le faire par une décision de la majorité, pour déclarer

si oui ou non ils avaient signé la proclamation au peuple qui avait paru dans un seul journal, *le Peuple,* de Proudhon.

Le compte-rendu du procès du 13 juin, qui a été imprimé, fait foi de tout ce que je rappelle ici.

En réalité, la proclamation, on l'a vu, n'avait été signée par aucun représentant. Au bas avaient été ajoutés, comme cela se fait d'habitude, ces mots : *suivent les signatures.* C'est pour cela que les réactionnaires de la législative voulaient forcer les représentants de *la Montagne* à se dénoncer eux-mêmes ou à désavouer leur participation à la journée du 13. Un assez grand nombre de nos amis tombèrent dans le piège et, au lieu de garder le silence, crurent pouvoir pour ne pas se compromettre, sans rien dire de contraire à la vérité, déclarer qu'ils n'avaient pas signé la proclamation.

Gambon, au contraire, qui, pas plus que Félix Pyat, ne s'était trouvé aux Arts-et-Métiers, revendiqua hautement la responsabilité de tout ce qui s'était fait, comme l'avait fait Pyat dans une lettre ; et ils furent tous les deux compris dans la fournée de ceux de nos amis qui payèrent pour ceux qui y étaient, et parmi lesquels je citerai Michel de Bourges, Greppo, Baune, Nadaud, Breymand, Monnier, Lasteyras, Sommier, Viguier, Brives, Duputz, Baudin, Ennery, Savoye, Racouchot, Brives, Signard, Malardier, Miot, Mathé, etc.

Les représentants arrêtés furent emprisonnés dans la maison d'arrêt de Versailles. Bien que ce fût une prison cellulaire, ils ne furent pas séparés les uns des autres pendant la durée du procès, et pouvaient recevoir leurs parents et leurs collègues. Aussi, en revenant de Brioude, je pus porter à Jules Maigne, pour lui et ses amis, l'abattis de perdreaux, cailles, lièvres, que mon frère, les Beraud et autres chasseurs de notre ville avaient tués à leur intention, et qu'accompagnait un seyre (manteau de paysan en laine et crin, d'origine gauloise), que lui offraient nos paysans.

Ceux-ci, après sa condamnation, chantèrent la fameuse complainte qui a contribué à créer la légende de Jules Maigne, ayant remplacé alors dans nos campagnes celle du juif-errant, dont le portrait, plus tard, devait avoir pour pendant celui de Léonce Guyot-Montpayroux, dans les boutiques de perruquiers, maréchaux et cabarets de l'arrondissement, lorsqu'il eut envoyé sa lithographie à tous les électeurs. Voici cette complainte, en français-patois, qu'on chante encore dans nos campagnes, et qui a été légèrement modifiée pour en rendre moins fantaisiste la rime, que les paysans trouvent suffisante quand le dernier mot des vers plus ou moins boiteux, finit par la dernière lettre : Barbès, par exemple, rimant fort bien avec Doullens.

## COMPLAINTE DE JULES MAIGNE

(Air connu)

Nous avons dans not' pays
Le plus brave homme de France.
C'est toute la bourgeoisie
Qui a fait cette vengeance.

Voyez, braves ouvriers.
Voyez toute leur vengeance,

Pour être trop guerrier
Je vais quitter la France.

Je ne crains pas leurs verrous,
Ni même la souffrance ;
Je pense toujours à vous,
Pauvre peuple de France.

Le vingt-quatre février,
Sur les barricades de Paris,
Ma vie je sacrifiai
Pour soutenir mes amis.

Adieu, tous mes amis
De notre petite ville ;
Non pas la bourgeoisie,
Qui a fait tout son possible.

A revoir, brivadois,
Sans abandonner la France.
Je pense toujours à toi,
Pauvre peuple de France !

Depuis mon jugement,
De Versailles l'ouvrage,
Je vous dis, paysans,
Ne perdez pas courage.

Je quitte mon pays
Pour Doullens forteresse,
Où je verrai mes amis
Et mon pauvre Barbès.

Jules Maigne c'est mon nom,
Gravé par toute la France,
Faut espérer pour de bon
Que l'on verra la danse.

Nous n'avons pas à reproduire les incidents du
procès qui se déroula devant la haute cour de Versailles.

Un certain nombre de prévenus auraient voulu que

tous les représentants qui avaient été aux Arts-et-Métiers et faisaient partie de *la Montagne,* se déclarassent solidaires de l'appel aux armes et vinssent volontairement se constituer prisonniers. Ils pensaient que la magistrature réactionnaire reculerait devant une semblable manifestation, qui agiterait profondément, d'autre part, l'opinion publique. La grande majorité pensèrent que la défense ne serait pas libre ; qu'ayant affaire à une justice exceptionnelle, ce serait se livrer à ses ennemis sans avantage pour la cause du peuple ; que dans la bataille les morts qui tombent doivent être pleurés, mais qu'il faut rester debout pour les venger. Cette opinion prévalut. Devant la cour les accusés se divisèrent sur la question de savoir s'ils devaient se défendre, alors qu'on leur refusait le droit de soutenir que la constitution avait été violée. Jules Maigne fut du nombre des représentants incriminés qui ne voulurent pas être défendus. Presque tous les accusés furent condamnés à la transportation dans une enceinte fortifiée.

Ce fut le 13 novembre que cette condamnation fut prononcée ; les débats avaient commencé le 13 octobre ; les évènements qui l'amenèrent avaient eu lieu le 13 juin ; Jules Maigne avait été nommé député le 13 mai ; au tirage au sort il avait tiré le n° 13. Les fatalistes peuvent dire que le numéro 13 a eu pour lui une influence toute particulière.

Après leur condamnation, les représentants détenus furent envoyés à Doullens. La transportation dans une enceinte fortifiée au delà des mers avait été convertie en détention perpétuelle ; la majorité ayant consenti, sur la proposition d'un de ses burgraves.

Odillon Barrot, à déclarer que la loi en vertu de laquelle la transportation avait été décrétée pour condamnation politique, n'aurait pas un effet rétroactif.

Si j'ai autant développé le récit des faits qui se sont passés à ma connaissance, dans les journées du 13 juin 1849 et de décembre 1851, et qui sont d'ailleurs ceux où *la Montagne* a eu le rôle le plus périlleux à jouer, la mission la plus difficile à remplir, c'est qu'à l'occasion de ces évènements, j'ai été calomnié de la façon la plus perfide, la plus déloyale, par mes ennemis de tous les temps.

Le siège de Jules Maigne restant vide sur les bancs de l'assemblée, il fallait le faire occuper par un républicain digne de lui succéder. Dans le département de la Haute-Loire, la démocratie fut unanime pour désigner comme candidat le docteur Francisque Maigne, son frère. Il fallait que l'impulsion donnée par notre propagande républicaine, pendant la période électorale de 1849, eût été bien grande, pour que les arrondissements du Puy et d'Yssingeaux, qui au 13 mai avaient des candidats à eux, voulussent accepter le candidat de l'arrondissement de Brioude, se présentant seul pour remplacer le représentant qui venait d'être condamné à la transportation, par la haute cour de Versailles. Nous eûmes assez de confiance dans les sentiments de solidarité, de républicanisme, des électeurs républicains du département, pour compter sur le succès et nous commençâmes la campagne.

Siégeant à l'assemblée, nous ne pûmes faire aucune tournée électorale. La représentation de la Haute-Loire se borna à adresser aux électeurs le manifeste que voici :

*Paris, le 14 février 1851.*

« Citoyens,

« Un de vos représentants, notre ami Jules Maigne, est prisonnier dans la citadelle de Doullens, pour la manifestation contre la guerre de Rome.

« Il ne peut pas remplir le mandat que vous lui avez confié.

« En lui gardant toutes vos sympathies, sympathies qu'il a si noblement conquises, vous avez en ce moment un devoir à remplir :

« C'est de donner à un républicain, la mission d'aller à l'Assemblée législative occuper la place que notre collègue a laissée vide sur les bancs de *la Montagne*.

« Nos rangs ont été éclaircis par la prison et par l'exil. Il faut que des républicains viennent remplacer nos amis absents.

« Au peuple de les envoyer.

« C'est son droit, nous dirons aussi : c'est son intérêt.

« Si, en effet, les représentants de l'opposition avaient été plus nombreux, s'ils avaient eu la majorité à l'Assemblée législative, vous auriez à cette heure, citoyens, avec quelques-unes des réformes proposées par l'opposition pour amener la gratuité de l'instruction et de la justice, la diminution des gros traitements, la suppression de l'usure, fléau de vos campagnes, vous auriez la liberté du commerce des boissons et vous ne seriez plus exposés aux amendes, aux poursuites de *la régie,* soumis aux perquisitions, à *l'exercice* des employés; vous n'auriez plus à payer tous ces droits d'entrée, d'octroi, de détail, de circulation, de licence, qui empêchent les uns de boire, les autres de vendre le vin que Dieu a donné à la France, bon, abondant, généreux, pour être la force et la santé des travailleurs.

» Depuis le 1ᵉʳ janvier 1850, l'impôt sur les boissons serait aboli.

» Et nous n'aurions pas eu besoin, pour remplacer cet impôt, de créer de nouvelles taxes, d'augmenter les charges qui pèsent déjà si lourdement sur vous.

» Sans même parler des économies à faire dans ce royal budget de 1,800 millions, où la République doit faire tant de réformes profondes si elle ne veut pas périr, nous aurions racheté les 70 millions prélevés sur les boissons du peuple, avec les quarante millions de la guerre de Rome, avec les 25 millions des diamants de la couronne enfouis par les royautés au fond des Tuileries, dans l'attente de jours meilleurs, avec les 300,000 francs de rente de la duchesse d'Orléans, avec les dotations des pairs de Charles X et de tous les anciens courtisans de la monarchie.

» Mais tout n'est pas fini.

» D'autres luttes, où la gloire, le bonheur de la France seront en jeu, vont s'engager encore au sein de l'Assemblée législative, à l'occasion des lois organiques, des affaires étrangères, des banques hypothécaires, de la discussion d'un budget gros de dépenses abusives et de recettes injustes.

» Au milieu des divisions qui agitent la majorité, *la Montagne*, si vous lui envoyez des recrues, pourra, plus d'une fois, décider la victoire en faveur de la démocratie.

» D'ailleurs, citoyens, lorsqu'à l'intérieur les monarchiens et tous les partis du passé conspirent ouvertement ; lorsqu'au dehors la coalition des rois contre la France est toujours menaçante, la République a besoin de tous ses défenseurs.

» Et ce n'est pas vous, républicains de la Haute-Loire, qui, reculant, lorsque les départements hier les plus royalistes protestent par des choix significatifs contre la réaction , ce n'est pas vous qui sanctionnerez pas votre vote la guerre de Rome, le rétablissement de l'impôt sur les boissons et tous les actes de la politique de compression subie par le pays ; ce n'est pas vous qui viendrez enlever un soldat à l'armée de la démocratie, un républicain à votre représentation !

» Votre représentation, elle a jusqu'à ce jour marché unie par la solidarité des actes, de l'amitié, des principes, dans la route que vous lui avez tracée.

» Voudriez-vous, en la divisant, en blanchissant son drapeau, la punir d'être restée fidèle à ses engagements ?

» Non ! non ! Forts de vos droits, éclairés sur vos véritables intérêts, paysans, ouvriers, travailleurs et démocrates de toutes les conditions, vous qui, les plus nombreux, êtes par le suffrage universel tout-puissants, vous irez, comme au 13 mai, à l'élection sans vous laisser ni séduire par les promesses, ni intimider par les menaces ou les calomnies de nos ennemis politiques, quels qu'ils soient ; et, comme au 13 mai, le nom que vous mettrez dans l'urne sera celui d'un républicain *démocrate-socialiste,* rouge , pour tout dire, puisque aujourd'hui nos adversaires le proclament hautement comme nous :

» Tous ceux qui ne sont pas rouges sont blancs.

» Un seul candidat, Francisque Maigne, médecin, membre du conseil général, est présenté à vos suffrages par les comités démocratiques de vos cantons.

» Ce candidat a toutes nos sympathies parce qu'il partage tous nos principes.

» C'est lui, nous l'espérons, que vous choisirez pour votre représentant.

» Vous le nommerez, non pas seulement parce qu'il est le frère bien-aimé de Jules Maigne, parce que son nom est populaire à juste titre, mais parce qu'il est homme de cœur, d'énergie, de dévouement comme son frère ; que, comme son frère, il a consacré sa vie à la cause du peuple, à l'amélioration du sort des travailleurs, à la défense de la République.

» En votant pour Francisque Maigne, vous voterez pour nous, vous voterez pour la démocratie, vous voterez pour la République.

» Citoyens, nous comptons sur vous.

» Salut et fraternité,

> Breymand, Chouvy, Chovelon,
Monnier, St-Ferréol,

» *Représentants du peuple.* »

Je fus seul à parcourir une partie des cantons de notre département, dans le but de me concerter avec nos amis sur les moyens à employer pour faire triompher notre candidat. Je n'avais qu'à développer d'ailleurs les considérations exposées dans notre manifeste que j'avais rédigé.

Je m'étais absenté sans autorisation, sachant bien que cette autorisation ne me serait pas accordée. Je fus dénoncé au président de la Législative par l'avocat Rochette, qui espérait sans doute que j'aurais encouru une peine plus grave. M. Dupin me fit, en effet, appeler et me demanda si effectivement je m'étais absenté sans congé régulier. Je lui répondis que oui et par les motifs dont j'ai parlé plus haut.

Comme à cette époque, où il n'était pas encore d'usage de voter pour les absents, étaient réputés absents, et privés de leurs 25 francs par jour, les représentants qui n'avaient pas pris part à trois scrutins consécutifs, je fus, en vertu de cette jurisprudence, privé de la moitié de mon indemnité d'un mois.

Je fus bien récompensé de ce petit sacrifice par la victoire de Francisque Maigne, qui fut éclatante, malgré la pression exercée sur les électeurs par les fonctionnaires, les prêtres et les bourgeois, également ennemis de la République. Les réactionnaires présentèrent Alexandre de Lagrevol, un des représentants de la Haute-Loire à la Constituante, qui avaient été les plus réactionnaires.

En voici le résultat :

|  | | F. Maigne | A. de Lagrevol |
|---|---|---|---|
| Arrondissem<sup>t</sup> de Brioude.. | | 12,150 | 4,135 |
| id. | du Puy ..... | 10,262 | 8,383 |
| id. | d'Yssingeaux | 4,103 | 8,255 |
| | Total.... | 26,515 | 20,773 |

Ce furent, bien entendu, mes collègues Breymand, Chouvy, Monnier, Chovelon, et moi, qui fîmes les frais de l'élection. Dans ces temps-là d'ailleurs ces frais n'étaient pas très élevés. Les candidats officiels ou officieux, comme les Guyot-Montpayroux, et à leur suite les hommes d'argent, les grands propriétaires, n'avaient pas importé dans nos campagnes les mœurs électorales de l'Angleterre. C'étaient les électeurs qui offraient des banquets à leurs candidats et non les candidats qui leur donnaient des rastels où le cochon, le veau du pays, étaient arrosés de gros vin bleu. Les comités se chargeaient de distribuer en mains sûres, dans leurs communes, les bulletins, les professions de foi qu'il faut aujourd'hui semer à profusion partout, en les envoyant par la poste ou les faisant remettre au domicile de chaque électeur, par des agents électoraux qui, sous le nom de porteurs, de distributeurs, prennent, dans certains cantons, des droits de commission ou dépenses de voyage exorbitants. Les candidats faisaient les autres frais de l'élection. Les souscriptions n'étaient pas entrées dans les habitudes de nos paysans, qui, encore aujourd'hui, sont très dévoués, remplissent avec assez d'exactitude, surtout lorsqu'il y a lutte, leurs devoirs de citoyens républicains, mais aiment mieux payer de leur personne que de leur bourse. Dans notre arrondissement une élection, jusqu'à ces derniers temps, n'avait jamais coûté plus de 1,500 à 2,000 francs.

La députation de la Haute-Loire subventionnait d'autre part *l'Ami du Peuple,* qui, sous la direction d'Audiard-Bonnet, soutenait avec talent et courage, la cause républicaine. Elle lui donnait 4,000 fr. par an. Ce fut elle aussi qui envoya à ses frais, au Puy, MM. Crémieux et Laissac, défendre dans les deux procès de presse qu'il eut à soutenir, son rédacteur, qui fut acquitté.

Avant que notre nouveau collègue Francisque Maigne ne vint siéger à côté de moi, nous obtinmes, Breymand, Pons-Tande et moi, du ministrre de l'intérieur, l'autorisation d'aller voir à Doullens nos collègues qui y avaient été enfermés, après leur condamnation par la haute cour de Versailles, dont Pellet, (de La Chaise-Dieu), aurait été un des jurés s'il ne s'était pas fait excuser, à tort selon nous.

C'était un dimanche. Toutes les prisons étaient en

fête. Vingt condamnés des conseils de guerre qui avaient été mis, pour insubordination, au cachot, au pain et à l'eau, avaient été le matin rendus à leurs amis. L'autorisation de voir leur mari, qui avait été retirée à quelques unes des femmes, avait été donnée. Il y avait un dîner de dames dans la prison. Nous, nous retrouvions Jules Maigne, Daniel Lamazière, Gambon, Pilhe, nos collègues, puis Guinard, Langlois et quelques autres. Nous y fîmes, au milieu des rires les plus gais, des toasts les plus énergiques, un dîner qui n'était pas *democ-soc* du tout. Faisans, bécasses, perdreaux rouges, vin de Bordeaux, Champagne, y fraternisaient avec le vin, le pain et le veau de la prison, et chacun avait porté son contingent, car de tous côtés les républicains envoyaient des friandises à nos amis. Les détenus qui ne dînaient pas avec nous avaient reçu leur part du banquet fraternel, qui fut clos par le chant de *la Marseillaise*. Nous trouvâmes nos amis un peu palis, mais par suite de la vie de prison.

Je pus aller passer, pendant les deux jours que nous restâmes à Doullens, l'heure réglementaire avec Barbès et Raspail, que j'avais été autorisé à voir et qui, avec Albert, Sobrier, Blanqui, étaient dans un bâtiment séparé des autres prisonniers. C'était la première visite que recevait Barbès depuis son emprisonnement, et il m'accueillit comme un vieil ami.

Raspail, qui s'occupait toujours de science en prison, était fort irrité contre ses geoliers, qui avaient fait enlever, comme pouvant être un signal, une girouette qu'il avait fait placer sur une hauteur voisine, pour étudier le cours des vents. Il avait du moins le

bonheur de recevoir la visite journalière de sa femme,
qui lui portait elle-même ses aliments, redoutant
qu'ils ne fussent empoisonnés par ses ennemis.

Il n'en était pas de même d'Albert. La compagne
de sa vie n'avait pas le droit d'entrer à la citadelle,
parce qu'elle n'était pas la femme légitime de l'ouvrier
qui avait été membre du gouvernement provisoire.

Lorsque nos amis furent transférés à Belle-Isle-en-
Mer, nous ne pûmes obtenir de M. Foucher alors ministre de l'intérieur, la permission de les visiter. Le
frère de Jules Maigne eut seul ce privilège. Il rapporta
sur la manière dont les condamnés politiques étaient
traités dans cette seconde prison d'Etat, des détails
odieux, qu'il dévoila à la tribune avec l'émotion et
l'indignation communicative d'un frère et d'un républicain.

Pendant la plus grande partie de la législative, j'ai
habité mon logement de la rue Duphot. Je me rappelle-
rai toujours la vie douce, paisible, qu'au milieu des
agitations de la politique j'ai vécue dans cet appartement, petit mais élégant, toujours orné de fleurs nouvelles, où j'ai fait tant de rêves d'espérance et de
bonheur. M<sup>me</sup> Marie Guillebaud, qui avait pris, par
des circonstances inutiles à dire, le nom de notre
maître de pension, avec lequel elle vivait, bien qu'ils
ne fussent pas mariés, en avait fait un véritable nid de
verdure et de fleurs, chaud l'hiver, frais l'été. Née à
Genève, d'une famille honorable mais peu aisée, elle
était venue se fixer à Paris. Comme elle était d'une
santé délicate, atteinte de ce qu'on appelle aujourd'hui
la névrose, je dus plus d'une fois lui servir de garde-
malade, lui donnant parfois, en échange des méts

bien apprêtés qui nous étaient servis par M. Guillebaud, une tasse de thé ou de tisane de violettes avec
de petits gâteaux. C'était près d'elle que je passais
la plus grande partie de mes longues soirées; parlant
de la Suisse et de l'Auvergne, de nos amis communs,
j'avais en quelque sorte retrouvé les bonheurs de la
famille. Aussi je garderai toujours le souvenir de celle
qu'après mon expulsion de France je ne devais plus
revoir et dont je n'ai plus entendu parler.

Je m'étais créé à Paris, comme je le fais partout
d'ailleurs, des habitudes, une règle de vie, qui m'em-
pêchaient de perdre inutilement un temps qu'il est
toujours facile de bien employer.

J'assistais régulièrement aux séances de l'assemblée,
de ses commissions, de ses bureaux, et aux réunions
de *la Montagne*, qui, dans les grandes circonstances,
allait discuter et délibérer avec la gauche dite du
*National*. Ces deux fractions du parti républicain, qui
formaient une minorité de 150 représentants, contre
5 ou 600 membres de la majorité composée d'orléanistes, de légitimistes et de bonapartistes, votaient
presque toujours ensemble. Le fossé qui nous séparait
des réactionnaires était tellement profond, que nous
nous trouvions tous et toujours forcément du même
côté.

Je faisais en même temps partie, avec Greppo, du
comité de secours pour les familles des blessés de
Février et des condamnés de juin 1848 et juin 1849.
Nous n'étions pas, sous ce rapport, sans travail.

Les soirs seulement je redevenais complètement
libre. J'allais, pendant la semaine, quelquefois au
théâtre, que j'aimais beaucoup alors, et le dimanche

j'abandonnais, comme lorsque j'étais étudiant et
comme le font de tout temps les parisiens, la capitale
pour la campagne; mais c'était sous les beaux arbres
des parcs de St-Cloud, de Meudon, de St-Germain,
que je recherchais l'ombre, la fraîcheur, le silence,
fuyant autant que possible le bruit, la foule, les plaisirs, qui sont la grande attraction des rentiers, boutiquiers, employés, étudiants, ouvriers, de tout sexe,
heureux de passer en liberté, une journée si différente
de celles que leurs occupations ordinaires, en chambre,
dans l'atelier, au comptoir, leur ramènent pendant
toute l'année.

J'allais, tous les quinze jours, passer la soirée chez
Mme Louise Collet, une femme de lettres qui avait eu
ses jours de célébrité, moins pour ses ouvrages, dont
plusieurs ne sont pas sans mérite, que parce qu'elle
avait failli larder, avec un couteau de cuisine, Alphonse Karr, qui l'avait tournée en ridicule. J'y rencontrais Bancel et quelques autres de mes collègues
de la gauche, Emile de Girardin, Paul Dupont qui y
chantait ses chansons nouvelles. On y parlait littérature, politique, en prenant un verre de punch ou une
tasse de thé.

C'était chez Michel de Bourges ou chez Madier de
Montjau que nous avions ordinairement nos réunions
de la *petite Montagne*. Nos soirées passaient vite,
moins remplies par des discussions ou des discours
rappelant la Chambre, que par des causeries poli
tiques, dans lesquelles Michel, avec une verve in-
croyable, une grande élévation de parole et de pensée,
développait ses théories, élucidait les questions à
notre ordre du jour, sur lesquelles Baudin dissertait un

peu longuement mais avec une grande vigueur de logique.

Chaque année, je réunissais à dîner, dans ma pension de la rue Duphot, quelques brivadois d'opinions et de positions diverses. On y causait beaucoup du pays, point des affaires politiques. Parmi mes convives d'un jour, se rencontrait le docteur Bertrand de Saint-Germain, avec trois républicains rouges, le forgeron Malzieux, la terreur de la bourgeoisie brivadoise en 1848 et un futur communard, Boyer, l'ancien délégué des ouvriers, dans notre département, dont la femme, blanchisseuse à Puteaux, avait la pratique des députés de la Haute-Loire; Pougheon, ébéniste aussi consciencieux qu'habile, compromis dans les journées de juin.

Scipion Bertrand est le seul de mes compagnons d'enfance, ayant des opinions différentes des miennes, avec lequel j'ai toujours conservé d'excellentes relations. Auteur d'écrits estimés et devenu libéral et déiste, il eut dans sa clientèle aristocratique, Cousin, et fut admis aux soirées intimes de Thiers.

# CHAPITRE XI

## DERNIERS JOURS DE LA RÉPUBLIQUE

A l'assemblée, nous combattions et repoussions presque toutes les lois, toutes les mesures présentées par le gouvernement et adoptées par la majorité. Seulement, à mesure qu'approchait l'époque où le président de la République devait voir expirer ses pouvoirs, l'horizon se rembrunissait singulièrement. La majorité réactionnaire était toujours unie contre la minorité républicaine. Mais une profonde division s'était faite, dans ses rangs, entre les orléanistes et les bonapartistes. Chacune de ces fractions travaillait à la restauration de son prétendant, espérant faire faire le lit du sien par l'autre. Toutefois, les bonapartistes étaient au gouvernement, par le président de la République qui trônait presque à l'Elysée ; et les princes d'Orléans étaient sur la terre étrangère, ne s'attendant guère alors à verser au trésor impérial, une trentaine de millions que Louis-Napoléon leur fit restituer, comme étant à l'Etat, par suite de l'avènement de leur père au trône. C'était cette mesure que Dupin, le président de l'assemblée, la veille du jour où il allait devenir un des plats courtisans et des grands fonctionnaires de l'empire, devait appeler le *premier vol de l'aigle.*

La loi du 31 mai, qui devait achever de dépopulariser l'assemblée législative, en mutilant le suffrage universel, par la suppression de trois millions d'électeurs appelés par Thiers la *vile multitude*, cette loi de malheur avait été votée par les deux fractions anti-républicaines. Cela n'empêcha pas plus tard le César de Décembre d'accuser d'attentat de lèze-souveraineté ses adversaires de droite et même ceux de gauche qui avaient repoussé la loi.

En rétablissant le suffrage universel, mais dans des conditions qui lui permettaient d'en faire un instrument de règne, il se donnait comme l'empereur des paysans.

« La loi du 31 mai(1) avait amené une scission, un fractionnement plutôt, dans *la Montagne*. Il se forma, sous le nom de *Petite Montagne,* une réunion de tous les représentants qui avaient cru ne devoir point prendre part au vote d'une loi portant atteinte à la souveraineté du peuple et n'étant par conséquent qu'un acte inconstitutionnel, contre-révolutionnaire. Ceux qui en firent partie furent : Michel de Bourges, Baudin, Baune, Cholat, Dussoubs, Laboulaye, Bruys, Mathé, Racouchot, Faure, Greppo, Nadaud, Boysset, Lafon, Lamarque, Colfavru, Aristide Bouvet, Favtier, Viguier, Madier de Montjau, Combier, Richardet, Malardier, Duputz, Saint-Ferréol.

» Ce ne fut pas sur la question de démission que les membres de l'Extrême-Gauche se trouvèrent divisés ; ils pensèrent unanimement qu'il ne fallait point abandonner un poste où ils pouvaient surveiller de près les

(1) Extrait des *Proscrits en Belgique.*

conspirateurs de la majorité, exercer une influence utile à la cause républicaine et combattre l'ennemi sur son propre terrain. Ils savaient que les départements avaient voulu, en juin 1848, marcher sur Paris pour écraser le socialisme, étaient restés, sauf quelques manifestations pacifiques sans importance, calmes au 13 juin, et malgré la propagande faite par des sociétés secrètes nombreuses, ardentes, ne se trouvaient, au 31 mai, ni assez bien armés, ni assez bien organisés, ni assez éclairés, pour prendre les armes en allant au scrutin.

« Dans les campagnes, un trop petit nombre de citoyens devaient être exclus du vote pour que l'application de la nouvelle loi pût y amener un effet sensible, produire de l'agitation ; et les villes, Paris, Lyon surtout, principalement frappées par les mesures dirigées contre la *vile multitude,* dont le domicile politique est si variable, n'auraient pas été assez surexcitées par les nombreuses radiations opérées sur les listes électorales pour s'insurger, assurées, quoi qu'il arrivât, de nommer les représentants qu'elles voulaient.

« La grande majorité des départements n'avaient même pas à faire d'élections, par conséquent aucun prétexte de soulèvement. Engager la lutte dans ces circonstances, contre les deux pouvoirs de l'Etat, unis, alliés, faisant exécuter une loi votée par la majorité de l'assemblée nationale, promulguée par le président de la République, prête à être appliquée par l'administration et par la justice, c'était recommencer un 13 juin, dont les conséquences, plus fatales encore, auraient été imputées à crime par tous les partis, aux représentants de l'Extrême-Gauche.

» La défaite subie par le parti républicain, en décembre, alors qu'il avait à combattre dans la France entière, pour la constitution, pour la République, le pouvoir exécutif seul, à résister au coup d'Etat d'un conspirateur infidèle à sa mission, à son serment, et qui était mis hors la loi par l'assemblée nationale, décrété d'accusation par la haute cour de justice ; cette défaite, si prompte, si complète, dit assez ce qu'aurait été un appel aux armes, fait en 1850, par les représentants démissionnaires, contre tous les pouvoirs réunis.

» M. Emile de Girardin, dont les accointances avec Napoléon étaient le secret de la comédie, proposa seul la démission en masse. Il ne persuada personne et ne donna pas sa démission. »

A l'époque où nous sommes, on entend encore des vieux débris des sociétés secrètes dont Gent était un des chefs, accuser, comme dans leurs rangs on l'avait fait après le 31 mai, les représentants de *la Montagne* d'avoir, par manque d'énergie, de résolution, d'initiative, ou de confiance dans le parti républicain n'attendant qu'un signal pour se lever en masse, laissé échapper l'occasion de conserver et consolider la République, en renversant révolutionnairement le président de la République et l'assemblée nationale. On peut juger si sont fondées, qu'elles soient faites de bonne foi ou non, ces accusations contre les représentants de *la Montagne,* qui au 13 juin et dans les journées de décembre, étaient descendus dans la rue ceints de leur écharpe, pour appeler aux armes, en exposant leur vie, leur liberté, le peuple qui ne les a pas suivis.

« La *petite Montagne* ne faisait point partie des sociétés secrètes, dont elle n'était point par conséquent
le comité directeur, comme on l'a dit ; elle s'était mise
seulement en relation dans les départements avec
leurs chefs les plus influents, pendant qu'à Paris, par
l'intermédiaire de Baudin, Greppo, Nadaud et Cholat,
elle se tenait en rapport avec les soldats et les ouvriers.

» Ces relations et ces communications fréquentes
avec les classes laborieuses, jointes aux renseignements que nous recevions de nos départements, nous
avaient donné à tous la conviction qu'il fallait se tenir
prêt partout, et-parer aux éventualités prévues ou à
prévoir, mais qu'il était nécessaire de gagner du temps.
Le mouvement en avant se propageait, se généralisait
de telle sorte en effet qu'on pouvait espérer à l'é-
chéance de 1852, si on y arrivait sans encombre, voir
les rouges entrer assez en majorité à l'assemblée pour
renverser de la présidence de la République, le chef
du pouvoir exécutif aspirant à l'empire, alors même
que les campagnes, plus ou moins napoléoniennes
encore, renommeraient, malgré la constitution, Louis
Napoléon, président de la République.

» Tous les partis comprenaient ainsi la situation. Les
orléanistes voyaient que leurs alliés, les bonapartistes,
gagnaient du terrain ; et ils entendaient prendre et
garder pour eux le gouvernement si la République
était renversée. Les bonapartistes, ou pour mieux dire
Louis-Napoléon et ses confidents intimes, étaient
effrayés des progrès que faisait dans les masses l'idée
républicaine. Les deux fractions avaient intérêt à en
finir avec le parti républicain. C'est pour cela que les

royalistes proposèrent la loi des questeurs, qui donnait
à ces délégués de l'assemblée le droit de réquisitionner
directement la troupe, et devait être, dans leur pensée,
une arme de guerre pour eux, une menace contre les
autres partis et une provocation contre la République.

» Cette loi fut repoussée par 408 voix contre 300.
Les gauches avaient jeté dans l'urne 160 *non*. Quelques-uns de nos amis, avec les cavaignaquistes,
avaient voté *oui*. »

Nous avons donné dans le livre des *Proscrits* les
raisons qui nous avaient décidé à ne pas accorder aux
orléanistes un pouvoir qu'ils pouvaient tourner contre
la République. Nous ne les reproduirons pas.

Quoiqu'il en soit, ce coup d'épée dans l'eau préci-
pita le coup d'Etat qui, préparé depuis longtemps,
aurait éclaté le jour même de la discussion de la loi
des questeurs si elle avait été votée.

Peu de jours après, l'assemblée législative portant
tout entière la peine de l'attentat contre le suffrage
universel perpétré par les bonapartistes et les royalistes de la majorité, allait être emportée par la tem-
pête de Décembre, Louis-Napoléon ayant creusé la
mine qui devait faire sauter la République.

A ce moment, tout le monde commençait à comprendre que la République était en danger. Les républicains voyaient qu'elle était également menacée par
les bonapartistes et les royalistes. Ils se préparaient
à la défendre, s'organisaient, serraient les rangs,
comptant sur le peuple qui, à Paris surtout, paraissait dévoué à cette République qui lui avait donné la
souveraineté. Ils savaient pourtant qu'il était travaillé,

chauffé à blanc par les émissaires, les fonctionnaires,
les agents provocateurs du chef de l'Etat, Louis-Napoléon ; ameuté contre l'assemblée législative, qui
était accusée de vouloir rétablir la monarchie, ce que
le bâtard de la reine Hortense travaillait à faire sous
le nom d'empire, et d'avoir mutilé le suffrage universel, ce dont les napoléoniens du parlement s'étaient
rendus coupables comme les royalistes. Ils ne pouvaient pas cependant prévoir que la démocratie parisienne rendît la République et les républicains de la
minorité parlementaire responsables des actes, des paroles, des fautes d'une majorité contre-révolutionnaire.
C'est ce qui fait comprendre ces paroles de Michel
de Bourges, dans un de ses plus beaux discours :
« *Le peuple, sentinelle invisible, veille sur nous.* »

De leur côté, les royalistes, qui avaient espéré faire
tirer pour eux les marrons du feu par le président de
leur choix, s'apercevaient chaque jour que c'étaient
eux qui devenaient les ratons de la politique, ayant
affaire à un Bertrand qui en aurait remontré à Robert Macaire.

Un de leurs burgraves, M. de Lasteyrie, avait dénoncé les provocations, les rassemblements, les audaces, les conciliabules des cinq ou six mille coquins
qui tantôt criaient dans les rues, sur l'air des *lampions* :
« *Poléon, nous l'aurons, ou du plomb,* » tantôt faisaient
de la démagogie révolutionnaire dans les lieux publics
où affluaient les ouvriers, auxquels ils dénonçaient la
majorité comme conspirant le renversement de la République, et la minorité républicaine comme vivant au
dépens du peuple en touchant les vingt-cinq francs
par jour qu'on devait reprocher à Baudin, à l'heure

où il allait se faire tuer pour défendre la constitution et la République.

Les royalistes avaient fini eux aussi par s'apercevoir que c'était pour lui et non pour eux, que travaillait le président qu'ils s'étaient donné dans l'espoir d'en faire leur instrument; seulement ils se croyaient assez puissants, assez forts dans l'assemblée pour être en mesure de déjouer les projets de celui qui préparait, dans l'ombre, son 18 brumaire. Ils avaient cru aux rodomontades du général Changarnier, cet aspirant à la présidence de la République, ayant dit au milieu des acclamations des orléanistes, des rires des représentants de *la Montagne* et de la faction bonapartiste : « Représentants, délibérez en paix. Je veille sur vous. »

Bientôt des bruits alarmants se répandirent partout. Les chefs de la majorité, les membres du bureau, aussi bien que les représentants les plus populaires, les plus influents de gauche, furent avertis qu'à leur personne étaient attachés des mouchards, chargés de les *filer*, pour qu'ils pussent au besoin être mis dans l'impossibilité de résister à un coup de main, prélude d'un coup d'Etat. Les garnisons de Paris et des départements voisins étaient placées sous le commandement de généraux de sac et de corde, qu'on savait prêts à tout oser pour de l'argent ou des honneurs. Des approvisionnements de canons, de munitions, se faisaient nuitamment dans les casernes de Paris. Les orléanistes eurent peur et voulurent donner aux questeurs le droit de requérir directement la force publique pour le service du palais Bourbon, siège de l'assemblée des représentants du peuple. Les gauches se divisèrent sur cette question. Toutes ses fractions voulaient bien que le pouvoir législatif fût mis à l'abri des entreprises du pouvoir exécutif ; mais une partie voyait surtout dans les pouvoirs donnés aux questeurs appartenant à la faction royaliste, dans laquelle se confondaient toujours, à cette époque, les partisans du comte de Chambord et ceux des d'Orléans, une arme que les adversaires et des Napoléon et des républicains tourneraient à leur profit contre la République. Elle voulait faire proclamer et afficher dans toutes les casernes l'article de la constitution mettant le pouvoir législatif au-dessus du pouvoir exécutif, et lui donnant le droit de commander à l'armée.

La loi, dite des questeurs, nous l'avons dit, fut repoussée.

C'est alors que Thiers, qui avec ses amis de la droite avait fait, par la main-mise sur le suffrage universel et les lois contre la liberté, le lit de Louis-Napoléon, s'écria : *l'empire est fait!*

Personne alors, pas même lui, ne prévoyait que cette prophétie dût s'accomplir si promptement. En réalité, le volcan sur lequel légiféraient les représentants du peuple, allait faire explosion, étant chargé jusqu'à la gueule, pour les faire sauter avec la République. Si la loi avait été votée, le coup d'Etat aurait été perpétré le jour même. Les proclamations, les actes du bandit de Décembre, quand il eut passé son rubicon à la suite de ses prétoriens avinés, le démontrent d'une manière irréfutable.

Peu de jours après, dans un guet-apens de nuit, la constitution était jetée au vent ; le palais Bourbon envahi, profané par une soldatesque gorgée de vin et

d'argent ; les représentants du peuple arrêtés, disper-
sés, arrachés de leurs sièges, chassés de tous les
lieux de réunion où ils s'étaient assemblés pour protester contre la violation de la constitution, appeler
le peuple aux armes, Baudin ceint de son écharpe
de représentant était tué sur la barricade du faubourg
St-Antoine. Les soldats du droit, de la souveraineté
du peuple, de la République, combattant les armes
à la main, étaient mitraillés dans les rues, sur les
boulevards, comme l'étaient les passants inoffensifs,
les femmes, les enfants, sur les ordres du Sylla moderne, qui voulait ainsi terroriser Paris.

Je n'ai point à faire le récit de ces journées sanglantes qui, dans les départements comme dans la
capitale, virent l'héroïque résistance des républicains
qui purent s'organiser, combattre pour leur sainte
cause, les proscriptions, les exécutions, les ven-
geances, dont se firent les instruments ou les complices, les réactionnaires de toutes les couleurs, qui
restaient unis et loin d'avoir comme à Paris, quelques-
uns des leurs éloignés, internés ou poursuivis, furent
au nombre des plus ardents proscripteurs et saisirent
ainsi avec empressement, à l'abri des gendarmes et
des soldats de l'usurpateur, l'occasion de se venger
de leurs ennemis, les républicains.

Je n'ai à parler que de ce que, pendant cette période de terreur, j'ai fait à Paris, comme représentant
du peuple, et de ce qui s'est passé à Brioude, dans
notre département. C'est sur des souvenirs personnels,
déjà consignés dans mon livre des *Proscrits*, des
notes communiquées par des témoins ou des victimes
du coup d'Etat dans mon pays, et les procès-verbaux

du conseil municipal de Brioude, que j'ai écrit la quatrième partie de ces *mémoires*, qui, publiée dans le prochain volume, est consacrée au récit des évènements plus ou moins intéressants dont notre ville a été le théâtre pendant les dix-huit ans d'empire que j'ai passés sur la terre étrangère, dans l'exil.

FIN DU SECOND VOLUME

# TABLE DES MATIÈRES

## IIIe PARTIE

## Notes ou Additions

Les réactionnaires firent paraître, vers le 23 novembre 1848, une liste des républicains qu'on appelait les rouges et qu'ils dénonçaient ainsi.

### BONNETS ROUGES DE BRIOUDE

St-Ferréol, *Robespierre moderne à talons rouges.* — Beraud *l'hypocrite.* — Moulin *le bêta.* — Perrein *le voleur.* — Bayle *l'orgueilleux.* — Julien Lamothe *Tartuffe.* — Chapaveyre Nicolas. — Monnier, jardinier. — Lorge. — Jouvainroux, chapelier. — Paul, tanneur. — Raffier. — Lamothe, charron. — Souligoux *le phénix.* — Lhomme, horloger. — Faugère Jean, — Porte *l'érudit.* — Brun *le raseur.* — Benit. — Faugère, bacholier. — Villa dit *la gueule.* — Vidal, cordonnier. — Cheminard *le renégat.* — J. Tabouret *la flute.* — Charreire-Fraisse. — Chantel père et fils. — Soule Dominique. — Boudon fils. — Allègre, facteur. — Pouyet, ferblantier. — Devin aîné. — Mazet *Hercule.* — Trioullier *Judas.* — Nigon *le cornard.* — Touchebeuf *le breton.* — Allary dit *fouraud.* — Chazellet père et fils. — Humbert *l'illisible.* — Tous les orfèvres. — Mazet père, *prince des poireaux.* — Mazet, tailleur. — Bertrand, serrurier.—Chassagnon.— Varenne-*péroche.* — Bertrand jeune, serrurier. — Pradel dit *dragon.* — Gresse. — Duclos. — Garanty. — Nicolas Boyer. — Paul Grenier, coutelier. — Fournier. — Mérie, boucher. — Chartier *courtille.* — Fontanon l'aîné. — Besson-Souligoux. — Pinot *cosaque.* — Sabatier *batailloux.* — Marchet, sabottier. — *Pia.* — Chapuy frères. — Tous les Tabouret. — Belmont *para.* — Ronzier, chapelier. — Malhaval. — Pichot. — Fournier, cordonnier. — Lamothe *bagatelle.* — Joly. — Roche, boucher, père et fils. — Paul et Virginie, (Boisson (d'Auzon), et Mme Lanson, née Dumoulin). — — Rénard. — Sabattier, charpentier. — Delair, bottier. — *Langlade* frères. — Trincot. — Dosfant. — Quintin *cardinal.*— Crozemarie, charpentier. — Barthomeuf, poêlier. (Total, 90).

## Liste des premiers Adhérents au Manifeste des Droits de l'Homme et du Citoyen et aux Statuts du Club de Brioude.

Amédée St-Ferréol. — Souligoux. — Jouvinroux. — Ramain. — Lorge. — Besson, de la Barraque. — Fontanon. — Chapavayre Nicolas. — Jules Maigne. — Faugère Jean. — Delair aîné.— P. Boyer. — Cheminard. — A. Bardolet. — Boudon. — Devin aîné. — Perrein. — Dufour aîné. — Delaigle fils. — Humbert, cordonnier. — Tourrette Jean. — Raffier. — Clémensat. — T. Verdier. — Arfeuille. — Mazet. — B. Tabouret. — Jean Allary. — Olléon. — Arfeuille. — Bayssat. — Bonpard, cultiv. — Bénistant. —Belmont.— Barthomeuf. — Brun. — Boyer.— Fournier. — Clavier. — Besset. — L. Bagès. — Cavard. — Chabanette. — Crozemarie. — Chadelas. —Clémensat. —Chapuy aîné. — Chapuy cadet. — Duffaud. — Gaillard. — Deshors. — Duraisain. — Faugère. — Fontanon. — Faucher Jean. — Grenier. — Julien Lamothe. — Geneste. — Lamothe François. — Moulin fils. — Lamothe Antoine. — Nicolas Pierre. — Villa jeune. — Pichot. — Malzieux. — Quintin. Sabatier. — Ronzier. — Porte. — Portalier. — Francolon. — Besson. — Vernet. — Tabouret Jacques. — Pouyet. — Gros. — Pouget Joseph. — Nothon. — Boudon Barthélemy. — Jouvinroux. — Vigier. — L. Villa. — Chauliat. — Boudon. — Besseyre. — Bonpard jeune. — Bonnafoux Jean. — Bompard cadet. — Bertrand, serrurier. — Bertrand *Bourand*. — Delherme Antoine. — Bonafoux. — Faugère, cirier. — Grenier Paul, armurier. — Dufour aîné. — Vernière. — Aubazat. — Senèze. — Tourrette. — Lamothe. — Gautier, cultiv. — Vacher. — Villa. — Delair aîné. — Moutte. — Porte Benoît. — Bougnole, — Magaud. — Mazet. — Duffaut. — Roche. — Grenier. — Déjax. — Tourrette. — Roussel fils. — Soule. — Vidal. — Moulin· — Marchet, sabottier. — Lamothe François, boucher.

# OUVRAGES DU MÊME AUTEUR

## EN VENTE

## A LA LIBRAIRIE CHOUVET

---

| | |
|---|---|
| Les Proscrits en Belgique, | 2 vol. |
| Impressions d'Exil a Genève, | 1 — |
| Histoire de l'Ancien Régime, | 1 — |
| Notices Historiques sur la ville de Brioude | 3 — |

*Brochures publiées sans le nom de l'auteur*

Physiologie de la Bergère.

Physiologie de la Béate.

Réponse d'un vieux Démocrate républicain a un jeune Démocrate napoléonien.

Les Tablettes du sire de Montpayroux.

Guerre pour guerre.